AF272374

1   Ernährung bei Fieber

Diese Empfehlungen bitte immer mit Ernährungsberater/in, Arzt oder Diätologen/in absprechen! Die Rezepte und Zutatenlisten unterstützen die medizinischen Therapien.

Die Kalorienangaben frischer Zutaten (Obst und Gemüse) und die Inhaltsstoffe schwanken je nach Qualität und Erntezeit. Die Inhalte wurden von einer Diätologin und einer Ernährungsberaterin für die Traditionelle Chinesische Medizin (TCM) geprüft.

Autor:
©2022 Josef Miligui
Liebe Leserinnen und Leser, ich wünsche Ihnen viel Erfolg und gutes Gelingen bei der Umstellung Ihrer Ernährung. Dieses Buch wurde aus eigener Erfahrung mit Krankheit und Ernährung geschrieben und ich habe schon immer das Zubereiten guter Speisen geschätzt. Wenn Sie nicht so geübt sind im Kochen, empfiehlt sich ein Kurs bei Ernährungsberatern oder Diätologen, die Ihnen die Grundlagen der Kochmethoden sowie die richtige Verarbeitung der Zutaten vermitteln können. Anhand der Lebensmittellisten aus diesem Buch können Sie weitere Rezepte entwickeln und entdecken.

Quelle:
Die Listen werden aus der EBNS-Datenbank für die Ernährungsberatung generiert. Die Datenbank wird von Ernährungsberater, Therapeuten und Ärzte für die Beratung der Patienten/Klienten verwendet und ermöglicht eine Kombination mehrerer Syndrome.

Literaturliste:
Wir haben die Unterlagen als Wissensbasis genutzt und an unsere Erfahrungen angepasst und ergänzt.
www.ebns.at

Herstellung und Verlag:
BoD – Books on Demand, Norderstedt
ISBN: 9783837065282

DIÄTETIK - veränderter Nährstoffbedarf bei Fieber
(Buch: 048)

1.1 Vorwort

Die Weltgesundheitsorganisation (WHO) davon spricht, dass bis zu 80% der Erkrankungen durch äußere Faktoren wie Ernährung, Lebensstil, Umweltgifte und dergleichen beeinflusst werden.

Welche Faktoren also jeder einzelne von uns aktiv beeinflussen kann und somit seine Chancen auf Erhöhung der allgemein Gesundheit erzielen kann, darum geht es auf den folgenden Seiten.

Der Fokus in diesem Buch liegt auf dem Faktor mit der größten Hebelwirkung - der Ernährung.
Schon Hippokrates hat einst gesagt "Lass die Nahrung deine Medizin sein und Medizin deine Nahrung!" Kräuterpädagog:innen heute sagen so: "Es gibt für jede Krankheit das richtige Kraut."

Egal wie wir es drehen und wenden, wir sind was wir essen (und was unser Essen gegessen hat). Der moderne Mensch sieht sich gerne isoliert von seiner Umwelt. Wir entstehen aus unserer Umwelt, wir leben inmitten von ihr und wenn wir sterben gehen wir wieder in unsere Umwelt über. Während wir leben essen wir das, was in unserer Umwelt wächst (oder in Fabriken chemisch erzeugt wird). Diese Nahrung liefert die Energie und Bausteine, für den eigenen Körper, für den Stoffwechsel, Zellerneuerung, den Hormonhaushalt und damit für unser gesamtes Sein, die Gesundheit und unser Empfinden.

Hier ein paar Grundbausteine, bevor in dem Buch noch näher auf Ernährungsfaktoren eingegangen wird, die sozusagen der kleinste gemeinsame Nenner der meisten Ernährungsphilosophien sind:

- Saisonalität
    - Winterpflanzen, wie zum Beispiel verschiedene Kohlgewächse, versorgen uns mit Unmengen von Vitamin C und Bitterstoffen. Zwei Faktoren, die unser Immunsystem bei der Abwehr von der Kälte und den typischen Infekten in der Winterzeit unterstützen.
    - Sommerpflanzen wie zum Beispiel Gurken, Tomaten aber auch Zitrusfrüchte kühlen unseren aufgeheizten Körper und versorgen uns mit viel Wasser.

- o Außerdem müssen bei saisonalen Pflanzen weniger chemische Helferlein eingesetzt werden, da die passenden Umweltfaktoren das Wachstum sowieso fördern.
- Regionalität
  - o Damit einher geht auch der Faktor der Regionalität. Regionale pflanzliche Lebensmittel werden reif geerntet und haben somit alle Nährstoffe entwickeln können. Im Gegensatz dazu wird Obst und Gemüse aus ferneren Ländern unreif geerntet und nur durch den Einsatz von chemischen Mitteln unnatürlich "nachgereift" - bzw. nur nach-gefärbt. Die Dichte der Nährstoffe und auch der Geschmack kann dabei niemals mit regionalen Lebensmitteln mithalten. (Sie haben es vielleicht schon selber erlebt, dass eine Südfrucht aus dem jeweiligen Ursprungsland dort im Urlaub viel süßer und vollmundiger schmeckt als die gleiche Frucht aus dem zentraleuropäischen Supermarkt).
- Pflanzenbasierte Ernährung
  - o Ja, diese Basis teilen selbst die Anhänger der Fleischdiät mit den Veganern. Denn bei der Fleischdiät geht es auch um Fleisch von Tieren, die sich artgerecht, sprich von vielen Gräsern und Kräutern ernährt haben. Die Masse an Getreide in der heutigen Ernährung - egal ob bei Mensch oder Tier - entspricht nicht der natürlichen Ernährungsweise. Sie macht uns krank, dick und manche behaupten sogar dumm (das weist auf die Schädigung der neuronalen Netzwerke hin, die durch den Konsum von Kohlenhydraten passiert hin). Pflanzen im Sinne von Gemüse, Kräutern, Salaten, Sprossen, in geringen Mengen Obst, Nüsse, Samen, etc. liefern neben den viel beschriebenen Vitaminen und Mineralstoffen vor allem sekundäre Pflanzenstoffe, die herausragende Heilwirkung haben. So werden eine Vielzahl unserer Medikamente auf Basis der natürlich vorkommenden Pflanzenstoffe nachgebaut. Allerdings sind da diverse Säuren und andere Wirkstoffe extrahiert und wirken nur alleine - mit den Pflanzen selbst nehmen wir sie in einer reichhaltigen und sich gegenseitig verstärkenden Kombination vielerlei wirksamer Stoffe zu uns.

Ja zusätzlich zu diesen 3 großen Punkten gibt es immer noch sehr viel zu beachten. Ein optimales Verhältnis von Omega 3 zu Omega 6 Fettsäuren (empfohlen wird 1:3), eine individuell und situationsbedingte Eiweißversorgung und so weiter.

Eine ganz gute und einfache Richtlinie für die alltägliche Ernährung bietet der ideale Teller. Der sieht so aus, dass möglichst jede Mahlzeit zur Hälfte aus pflanzlichen Bestandteilen besteht, ein Viertel der Eiweißversorgung dient und ein Viertel die Mahlzeit durch gute Fette und eventuell Kohlenhydrate abrundet.

Die Feinjustierung rund um die Zubereitungsarten, die Zusammenstellungen und so weiter sehe ich als sehr individuell an. Es gibt meines Erachtens nicht die 1 perfekte Ernährung. Es gibt so viele großartige Philosophien und Studien, die alle wunderbare Heilungen berichten und sich dabei aber gegenseitig ausschließen. Was auf den ersten Blick vielleicht paradox wirkt, eröffnet bei näherer Betrachtung ganz viele Möglichkeiten des Probierens und neuer Chancen.

Neben der Ernährung werden noch folgende Faktoren genannt:
- die Giftstoffbelastung in unserer Umwelt sowie in Pflegeprodukten oder eben in der Ernährung
- eine Balance aus Aktivität, (kurzzeitigem) Stress und der Entspannung wie auch Schlaf
- Aufarbeitung der emotionalen Wunden aus der Vergangenheit und Steigerung der Resilienz
- Biologische Zahnheilkunde
- eine optimierte Versorgung durch Heilkräuter, Heilpilze udgl.
- Früherkennung durch bewährte und schonende Verfahren

1.2 Beschreibung

Erhöhte Temperatur ist keine eigene Krankheit, sondern eine Begleiterscheinung einer anderen Grunderkrankung.
Ziel: Ausgleich des Flüssigkeits- und Elektrolytverlustes sowie des erhöhten Vitaminbedarfes.

1.3 Therapiestrategie

Die Kost soll reich an Flüssigkeit, Kochsalz und Kalium sein. Die Trinkmenge ist so zu gestalten, dass man für den Erwachsenen etwas über zwei Liter veranschlagt und pro Grad Übertemperatur 1/2 Liter

dazurechnet.
Elektrolytgetränke verwenden.

1.4 Vermeiden

Zu rasches senken der Temperatur, damit der Körper die
Krankheitsauslöser bekämpfen kann.

2 Speiseplan

Kkal. p. Portion

2.1 Frühstück

Aufgeschlagene Banane...144,0
Bananen-Sojamilch...125,8
Fenchel-Reissuppe...155,9
Geröstete Hirse mit Stangensellerie...............................400,1
Karotten- Reisschleimsuppe..101,0
Karottenrohkost 74,0
Kompott aus Rhabarber..48,2
Reis-Dulse-Suppe...190,9
Rinderbrühe mit Eigelb 173,5
Selleriesaft...33,4
Tee aus Brombeerblättern...0,0
Tee aus Holunderblüten 7,1
Tee aus Lindenblüten 0,0
Tee aus Löwenzahn 1,4
Vanillepudding 254,7

2.2 Jause

Karottenrohkost 74,0

2.3 Mittag

Aufgeschlagene Banane...144,0
Bananen-Sojamilch...125,8
Brennnessel mit Mangold Suppe.......................................52,1
Feiner russischer Borschtsch 171,7
Fenchel-Kartoffel-Auflauf..147,0
Fenchel-Reissuppe...155,9

2.4   Nachmittag

2.5   Abend

3 Rezepte

empfehlenswert = Sie können mehr verwenden
wenig = wenn möglich weniger verwenden
weniger als angegeben = möglichst nicht verwenden

3.1 Aufgeschlagene Banane

2 x tgl. essen, reguliert Magen-Darm-Funktion, wirkt stopfend.
Anzahl Portionen: 1
Kalorien p. Portion 144
Gramm p. Portion 150
Kochdauer ca. 7 Min.
(Kohlehydrat:94,54% / Eiweiß & Fett:5,46%)
100g.≈ Eiweiß 1,65g. Fett:0,3g.
µg. - Ph:28 Na:1 Ka:393 Mg:36 Ca:9 Fe:0,6 Zn:0,2 Col.:0 Hsr.:25

Zutaten:
Banane 1 Stück / 150g. (empfehlenswert)

Kochanleitung:
Banane mit der Gabel zerdrücken oder mit einem Mixstab pürieren.
Mindestens 5 Min. braun werden lassen.

3.2 Bananen-Sojamilch

Gut bei Appetitlosigkeit. Stärkt Körperenergie, fördert Verdauung,
lindert Schmerzen, entgiftet, bakterizid.
Anzahl Portionen: 2
Kalorien p. Portion 126
Gramm p. Portion 263
Kochdauer ca. 5 Min.
Allergene: E
(Kohlehydrat:59,53% / Eiweiß & Fett:40,47%)
100g.≈ Eiweiß 7,49g. Fett:4,14g.
µg. - Ph:21,94 Na:251,11 Ka:110,08 Mg:13,31 Ca:9,78 Fe:0,4 Zn:0,11 Col.:0 Hsr.:33,68

Zutaten:
Banane 1 Stück / 120g. (empfehlenswert)
Sojabohnenmilch 400 ml. / 400g. (wenig)
Honig 1 TL / 3g. (wenig)
Zimtpulver 1 Prise / 1g. (ja)
Acerola Fruchtnektar oder Pulver 1 TL / 2g. (wenig)

Kochanleitung:
Banane in Stücke schneiden, mit Sojamilch, Acerola, Honig und Zimt
mit dem Mixstab pürieren.

3.3 Brennnessel mit Mangold Suppe

Harntreibend, reinigt die Nieren, blutreinigend, entschlackend, unterstützend bei Prostatabeschwerden, hemmt die Bildung von Entzündungsstoffen, wirkt schmerzlindernd. Mangold unterstützt die Darmtätigkeit und reinigt den Darm.

Anzahl Portionen: 4
Kalorien p. Portion 52
Gramm p. Portion 230,38
Kochdauer ca. 30 Min.
(Kohlehydrat:41,21% / Eiweiß & Fett:58,79%)
100g.≈ Eiweiß 2,64g. Fett:2,87g.
µg. - Ph:5,68 Na:12,63 Ka:52,35 Mg:11,26 Ca:15,14 Fe:0,37 Zn:0,01 Col.:0 Hsr.:9,79

Zutaten:
Brennnessel 1 Handvoll / 10g. (ja)
Mangold 1/2 Kg. / 500g. (ja)
Salz 1 Prise / 1g. (wenig)
Wasser 1/2 Liter / 400g. (ja)
Olivenöl 1 EL / 10g. (wenig)
Pfeffer gemahlen 1 Prise / 0,5g. ()

Kochanleitung:
In einem Topf das Öl erhitzen, den gewaschenen und fein geschnittenen Mangold dazugeben, salzen und 10 Min. köcheln lassen. Die gehackten Brennnesseln zufügen und weitere 10 Min. kochen. Mit Pfeffer würzen und pürieren.

3.4 Feiner russischer Borschtsch

Stärkt Milz, Magen und Herz, unterstützt die Blutzirkulation, regt Verdauung an, senkt Blutdruck, stärkt Immunsystem. Zur Kräftigung nach Krankheiten, gegen Blähungen, krampflösend bei Magen-Darm-Beschwerden.

Anzahl Portionen: 6
Kalorien p. Portion 171
Gramm p. Portion 368,33
Kochdauer ca. 30 Min
Allergene: AGLO
(Kohlehydrat:81% / Eiweiß & Fett:19%)
100g.≈ Eiweiß 6,07g. Fett:3,32g.
µg. - Ph:1,04 Na:1,82 Ka:4,72 Mg:1,22 Ca:4,74 Fe:0,02 Zn:0 Col.:0,01 Hsr.:0,78

Zutaten:
Rote Rübe 200 g. / 200g. (empfehlenswert)
Sonnenblumenöl 1 EL / 10g. (wenig)
Zwiebel Schalotte 2 Stück / 40g. (weniger als angegeben)
Karotte (Mohrrübe, Möhre) 2 Stück / 140g. (empfehlenswert)
Sellerie Knolle 1 Stück / 500g. (empfehlenswert)
Petersilienwurzel 1 Stück / 150g. (empfehlenswert)
Lauch (Porree) 5 dag. / 50g. (weniger als angegeben)
Grundrezept für eine Gemüsebrühe nahrhaft 3/4 Liter / 650g.
(empfehlenswert)
Lorbeerblatt 1 Blatt / 0,2g. (ja)
Wacholderbeere 2 Stück / 2g. (ja)
Muskatnuss 1 Prise / 1g. (ja)
Wirsing/Grünkohl 200 g. / 200g. (weniger als angegeben)
Salz 1 Prise / 1g. (wenig)
Pfeffer gemahlen 1 Prise / 0,5g. ()
Kümmel 1 Prise / 1g. (empfehlenswert)
Rotwein 1/8 Liter / 125g. (weniger als angegeben)
Sauerrahm 15% Fett 1 EL / 10g. (ja)
Dill 1 TL / 10g. (empfehlenswert)
Weißbrot (Weizenbrot) 6 Scheiben / 120g. (ja)

Kochanleitung:
Die Rote Bete in Öl andünsten. In einem anderen Topf Zwiebeln,
Karotten, Sellerie, Petersilienwurzel und Lauch gut anbraten. Mit der
Brühe und dem Wein aufgießen und dann Lorbeer, Wacholderbeeren
und Muskat zugeben und 15 Min. köcheln lassen. Lorbeer entfernen
und alles pürieren. Etwas Brühe separat erhitzen und die angedünstete
Rote Bete darin weich köcheln. Nach der halben Garzeit Wirsing oder
Weißkohl zugeben und leicht ziehen lassen. Am Ende das pürierte
Gemüse zugeben und alles mit Salz, Pfeffer, gemahlenem Kümmel und
eventuell etwas Rotwein abschmecken. Im Teller mit etwas Sauerrahm
und fein gehacktem Dill garnieren. Mit je einer Scheibe Weißbrot
servieren.

3.5 Fenchel-Kartoffel-Auflauf

Lindert Entzündungen, verbessert Durchblutung, verbessert Verdauung, harntreibend, senkt Cholesterinspiegel. Gut bei Appetitlosigkeit, Blähungen, Darmentzündungen, Sodbrennen. Stärkt Magensaftproduktion.

Anzahl Portionen: 2
Kalorien p. Portion 147
Gramm p. Portion 230,5
Kochdauer ca. 1 1/2 Stunden
Allergene: CGL
(Kohlehydrat:68% / Eiweiß & Fett:32%)
100g.≈ Eiweiß 5,72g. Fett:5,42g.
µg. - Ph:15 Na:12,98 Ka:80,91 Mg:13,52 Ca:40,41 Fe:0,41 Zn:0,09 Col.:7,81 Hsr.:3,64

Zutaten:
Fenchel 200 g. / 200g. (empfehlenswert)
Kartoffel 125 g. / 125g. (empfehlenswert)
Grundrezept für eine Gemüsebrühe 100 ml. / 100g. (empfehlenswert)
Butter Bio 1 TL / 3g. (ja)
Reismehl 2 TL / 6g. (ja)
Sahne sauer 10% 1 TL / 3g. (ja)
Salz 1 Prise / 1g. (wenig)
Zucker Ursüße (Zuckerrohr) süß 1 Prise / 1g. (wenig)
Huhn Eigelb 1 Stück / 10g. (wenig)
Pfeffer Cayenne 1 Prise / 0,5g. (weniger als angegeben)
Muskatnuss 1 Prise / 0,5g. (ja)
Petersilie 1 TL / 2g. (empfehlenswert)
Lauchzwiebel Schnittlauch 1 TL / 3g. (weniger als angegeben)
Parmesan 1 TL / 3g. (weniger als angegeben)
Butter Bio 1 TL / 3g. (ja)

Kochanleitung:
Kartoffeln in der Schale kochen, abkühlen lassen und dann schälen. Fenchel waschen, Stiele abschneiden und evtl. äußere Blätter entfernen. Fenchelgrün zurückhalten und später mit den anderen Kräutern zur Soße geben. Fenchelknollen ca. 15-20 Min. dünsten. Danach Kartoffeln und Fenchel in Scheiben schneiden und schichtweise in eine gefettete Auflaufform geben. Flüssigkeit aus Fenchelbrühe zum Kochen bringen und mit Mehl binden. Mit Meersalz, Cayennepfeffer, Zucker, Muskat und saurer Sahne abschmecken. Abkühlen lassen und mit Eigelb legieren. Die Soße über den Auflauf verteilen, mit Parmesan, fein gehackter Petersilie und Schnittlauch bestreuen. Alles 30 Min. bei ca. 200 Grad im Backofen überbacken.

3.6 Fenchel-Reissuppe

Stärkt Magen, lindert Verstopfung, regt Nerven an, entgiftet, lindert Entzündungen, verbessert Durchblutung.

Anzahl Portionen: 2
Kalorien p. Portion 156
Gramm p. Portion 234
Kochdauer ca. 15-20 Min.
Allergene: EG
(Kohlehydrat:88,32% / Eiweiß & Fett:11,68%)
100g.≈ Eiweiß 3,57g. Fett:6,65g.
µg. - Ph:14,68 Na:32,47 Ka:82,14 Mg:105,79 Ca:110,69 Fe:0,54 Zn:0,06 Col.:1,92 Hsr.:4,9

Zutaten:
Grundrezept für eine Reissuppe 300 ml. / 300g. (empfehlenswert)
Fenchel 1/2 Stück / 150g. (empfehlenswert)
Butter Bio 1 EL / 15g. (ja)
Sojasauce 1 Schuss / 3g. (wenig)

Kochanleitung:
Fenchel in der Reissuppe (nach Grundrezept) weich kochen. Vor dem Servieren ein Stück Butter und etwas Sojasoße zugeben.

3.7 Gemüsesaft

Fördert Verdauung, hilft Fett zu verdauen, harntreibend, senkt Blutdruck, bakterizid, stärkt Magen und Immunsystem, beugt Krebs vor, reduziert Strahlenverletzungen, vertreibt innere Kälte, wirkt anregend.

Anzahl Portionen: 1
Kalorien p. Portion 64
Gramm p. Portion 225
Kochdauer ca. 15 Min.
Allergene: L
(Kohlehydrat:82,23% / Eiweiß & Fett:17,77%)
100g.≈ Eiweiß 2,47g. Fett:0,44g.
µg. - Ph:33,92 Na:30,92 Ka:205,63 Mg:13,57 Ca:34,59 Fe:1,18 Zn:0,33 Col.:0 Hsr.:19,76

Zutaten:
Sellerie Knolle 20 g. / 20g. (empfehlenswert)
Karotte (Mohrrübe, Möhre) 100 g. / 100g. (empfehlenswert)
Tomate 100 g. / 100g. (wenig)
Knoblauch 1 Stück / 2g. (weniger als angegeben)
Salz 1 TL / 2g. (wenig)
Acerola Fruchtnektar oder Pulver 1/2 TL / 1g. (wenig)

Kochanleitung:
Alle Zutaten schälen, mit dem Entsafter zu einem Getränk verarbeiten und Acerola unterrühren.

3.8 Geröstete Hirse mit Stangensellerie

Stärkt Milz und Nieren, harntreibend, stoffwechselfördernd.
Anzahl Portionen: 2
Kalorien p. Portion 400
Gramm p. Portion 228
Kochdauer ca. 30 min
Allergene: L
(Kohlehydrat:82,09% / Eiweiß & Fett:17,91%)
100g.≈ Eiweiß 7g. Fett:2,59g.
µg. - Ph:44,42 Na:8,59 Ka:31,27 Mg:23,88 Ca:11,01 Fe:1,24 Zn:0,24 Col.:0 Hsr.:12,62

Zutaten:
Hirse 1 Tasse / 120g. (ja)
Wasser 2 Tassen / 240g. (ja)
Sellerie Stangensellerie 2 Stangen / 50g. (ja)
Kräuter verschiedene 1 EL / 10g. (ja)
Wasser 2 EL / 30g. (ja)
Salz 1 Prise / 1g. (wenig)
Salbei 3-4 Blätter / 2g. (ja)
Kresse 1 TL / 3g. (empfehlenswert)

Kochanleitung:
Hirse kurz anrösten, mit Wasser übergießen, kurz aufkochen und 20 Min. quellen lassen. Stangensellerie klein schneiden, mit Wasser, Salz und frischen Kräutern 10 Min. kochen und zu der Hirse geben. Frischen Salbei oder Kresse kleingehackt darüberstreuen.

3.9 Grundrezept für eine Hühnerbrühe

Stärkt Blut, baut Milz und Magen auf, stärkt Knochenmark, senkt Blutdruck, bakterizid, stärkt Immunsystem, beugt Krebs vor, reduziert Strahlenverletzungen, fördert Schwitzen, löst Stagnation. Gut bei Appetitlosigkeit und Blähungen.
Anzahl Portionen: 9
Kalorien p. Portion 90
Gramm p. Portion 244,89
Kochdauer ca. 2-3 Stunden
Allergene: L
(Kohlehydrat:10,44% / Eiweiß & Fett:89,56%)
100g.≈ Eiweiß 15,69g. Fett:11,57g.
µg. - Ph:7,72 Na:5,27 Ka:16,86 Mg:1,2 Ca:3,41 Fe:0,1 Zn:0 Col.:0,25 Hsr.:8,27

Zutaten:
Huhn Fleisch 1/2 Stück / 600g. (wenig)
Karotte (Mohrrübe, Möhre) 2 Stück / 150g. (empfehlenswert)
Lauch (Porree) 1 Stange / 45g. (weniger als angegeben)
Sellerie Knolle 1 Stück / 500g. (empfehlenswert)
Ingwer frisch 2 Scheiben / 2g. (weniger als angegeben)
Bockshornklee 1 TL / 2g. (ja)
Wacholderbeere 1 TL / 3g. (ja)
Lorbeerblatt 3 Stück / 2g. (ja)
Wasser 1 Liter / 900g. (ja)

Kochanleitung:
Hühnerteile von Fett befreien, in einen Topf mit heißem Wasser geben,
kurz aufkochen lassen und entstehenden Schaum abschöpfen. Grob
geschnittenes Gemüse und alle Gewürze zugeben und 2-3 Std. bei
mittlerer Hitze kochen, dann alles abseihen. Tipp: Wenn Sie das Fleisch
als Suppeneinlage verwenden möchten, bereits nach 45 Min.
herausnehmen und nur die Knochen in der Suppe lassen.

3.10 Grundrezept für eine nahrhafte Gemüsebrühe

Senkt Blutdruck und Blutfett, bakterizid, stärkt Immunsystem, beugt
Krebs vor, stärkt Magen, löst Stagnation, fördert Gewichtsabnahme,
hilft bei Appetitlosigkeit, Blähungen, Bluthochdruck, Depressionen,
Diabetes, Durchfall.
Anzahl Portionen: 5
Kalorien p. Portion 48
Gramm p. Portion   240,6
Kochdauer ca.   2-3 Stunden
Allergene: L
(Kohlehydrat:71,3% / Eiweiß & Fett:28,7%)
100g.≈ Eiweiß 1,57g. Fett:1,31g.
µg. - Ph:4,86 Na:3,67 Ka:25,68 Mg:1,8 Ca:6,32 Fe:0,1 Zn:0,01 Col.:0 Hsr.:2,78

Zutaten:
Olivenöl 1 EL / 4g. (wenig)
Zwiebel weiss 1 Stück / 60g. (weniger als angegeben)
Karotte (Mohrrübe, Möhre) 3 Stück / 200g. (empfehlenswert)
Pastinake 150 g. / 150g. (ja)
Sellerie Knolle 1 Tasse / 100g. (empfehlenswert)
Ingwer frisch 1/2 TL / 2g. (weniger als angegeben)
Zitrone 1/2 Stück / 25g. (weniger als angegeben)
Wacholderbeere 6 Stück / 6g. (ja)
Thymian getrocknet 1 Prise / 1g. (ja)
Liebstöckel 1 EL / 3g. (empfehlenswert)

Lorbeerblatt 2 Blätter / 1g. (ja)
Salz 1 Prise / 1g. (wenig)
Wasser 3/4 Liter / 650g. (ja)

Kochanleitung:
Gemüse würfelig schneiden. Öl in einem Topf erhitzen, die Zwiebel und
das Gemüse darin anbraten, Ingwer und Lorbeer zugeben. Mit kaltem
Wasser aufgießen, Zitronensaft zufügen und mit Wacholder, Thymian
und Liebstöckel würzen. 2-3 Std. auf kleiner Stufe zugedeckt köcheln
lassen. Brühe durch ein Sieb streichen und im Kühlschrank
aufbewahren. Sie dient als Suppengrundlage und verfeinert Gemüse,
Hülsenfrüchte oder Getreide.

3.11 Grundrezept für eine Reissuppe

Niedriger Fettgehalt, zur Entwässerung des Körpers bei Übergewicht
und Bluthochdruck.

Anzahl Portionen: 3
Kalorien p. Portion 140
Gramm p. Portion 273,33
Kochdauer ca. 2-4 Stunden
(Kohlehydrat:89,71% / Eiweiß & Fett:10,29%)
100g.≈ Eiweiß 2,96g. Fett:0,48g.
µg. - Ph:5,85 Na:0,58 Ka:5,02 Mg:3,41 Ca:1,72 Fe:0,03 Zn:0,02 Col.:0 Hsr.:6,34

Zutaten:
Reis Sorte beliebig 1 Tasse / 120g. (ja)
Wasser 6 Tassen / 700g. (ja)

Kochanleitung:
Man kocht Reis und Wasser in einem Verhältnis von etwa 1:6. Die
Menge des Wassers bestimmt die Dicke des Breis (reine
Geschmackssache). Der Reis quillt unwahrscheinlich auf, nehmen Sie
also nicht viel. Geben Sie den Reis in einen Topf mit einem schweren
Deckel. Wichtig ist, den Reis nach kurzem Aufkochen nur auf kleinster
Stufe köcheln zu lassen, da er sonst anbrennt. Kochen Sie den Reis 2-
4 Stunden. Je länger er kocht, desto stärkender wirkt er. Wenn Sie das
Gericht zum Frühstück essen möchten, können Sie den Reis auch kurz
vor dem Zubettgehen aufsetzen. Sicherheitshalber sollten Sie vorher
einmal unter Beobachtung für eine ähnlich lange Zeit das Verhalten
Ihres Topfes und Herdes prüfen, damit nichts anbrennt.

3.12 Grundrezept für eine Rinderbrühe

Stärkt Muskeln, Sehnen und Knochen, senkt Blutdruck, bakterizid, stärkt Immunsystem, beugt Krebs vor, reduziert Strahlenverletzungen, regt Verdauung an, reduziert Schmerzen, fördert Verdauung. Harntreibend, stillt Blutung. Rosmarin fördert Verdauung.

Anzahl Portionen: 10
Kalorien p. Portion 114
Gramm p. Portion 276
Kochdauer ca. 4-8 Stunden
Allergene: O
(Kohlehydrat:22,24% / Eiweiß & Fett:77,76%)
100g.≈ Eiweiß 12,22g. Fett:4,1g.
µg. - Ph:5,14 Na:3,08 Ka:13,39 Mg:1,06 Ca:2,52 Fe:0,09 Zn:0,01 Col.:0,14 Hsr.:3,57

Zutaten:
Rind Suppenfleisch 500 g. / 500g. (wenig)
Rind Fleischknochen 200 g. / 200g. (wenig)
Essig (Rotweinessig) 1 Schuss / 3g. (wenig)
Wacholderbeere 8 Stück / 6g. (ja)
Rosmarin 1 Prise / 1g. (ja)
Karotte (Mohrrübe, Möhre) 3 Stück / 210g. (empfehlenswert)
Pastinake 2 Stück / 300g. (ja)
Lauch (Porree) 1 Stück / 200g. (weniger als angegeben)
Ingwer frisch 1/2 TL / 5g. (weniger als angegeben)
Liebstöckel 1 Stiel / 15g. (empfehlenswert)
Nelke 2 Stück / 2g. (ja)
Piment 6 Stück / 12g. (ja)
Anis (gemeiner Fenchel) 2 Stück / 1g. (empfehlenswert)
Salz 1 TL / 5g. (wenig)
Wasser 1 1/2 Liter / 1300g. (ja)

Kochanleitung:
Rotweinessig, Wacholderbeeren, Rosmarin, Knochen und Fleisch in Wasser zum Kochen bringen. Karotten, Pastinaken, Lauch, Ingwer, Liebstöckelgrün, Nelken, Piment, Sternanis und etwas Salz zufügen und alles 4-8 Std. köcheln und dann abseihen. Brühe im Kühlschrank aufbewahren.

3.13 Gurkensalat

Gurke kühlt und befeuchtet, entgiftet, unterdrückt Umwandlung von Zucker in Fett, senkt Cholesterinspiegel, beugt Krebs vor, ist harntreibend. Dill wirkt gegen Blähungen, ist krampflösend bei Magen-Darm-Beschwerden.

Anzahl Portionen: 2
Kalorien p. Portion 27
Gramm p. Portion 206
Kochdauer ca. 5 min.
Allergene: O
(Kohlehydrat:68% / Eiweiß & Fett:32%)
100g.≈ Eiweiß 1,61g. Fett:0,4g.
µg. - Ph:5,92 Na:2,32 Ka:35,15 Mg:2,16 Ca:4,03 Fe:0,12 Zn:0,05 Col.:0 Hsr.:1,94

Zutaten:
Gurke 1 Stück / 400g. (wenig)
Salz 1 Prise / 1g. (wenig)
Dill 1 Prise / 1g. (empfehlenswert)
Essig (Apfelessig) 1 EL / 10g. (wenig)

Kochanleitung:
Bio-Gurke mit Schale, konventionelle Gurke schälen, dünn schneiden und würzen.

3.14 Heidelbeer-Quark mit Acaipulver

Hilft bei Körperschwäche, Magendruck, Aufstoßen, Diabetes, akuter oder chronischer Verstopfung, baut Blut auf, antibakteriell, antioxidativ.

Anzahl Portionen: 2
Kalorien p. Portion 237
Gramm p. Portion 242
Kochdauer ca. 10 Min.
Allergene: GH
(Kohlehydrat:32% / Eiweiß & Fett:68%)
100g.≈ Eiweiß 14,74g. Fett:27,03g.
µg. - Ph:25,9 Na:5,29 Ka:26,12 Mg:2,29 Ca:18,01 Fe:0,1 Zn:0,08 Col.:2,07 Hsr.:2,23

Zutaten:
Heidelbeere 200 g / 200g. (ja)
Orangensaft 2 EL / 10g. (weniger als angegeben)
Ahornsirup 1 EL / 5g. (wenig)
Mandeln 1 EL / 5g. (weniger als angegeben)
Topfen (Quark) 20% 250 g. / 250g. (ja)
Zucker Ursüße (Zuckerrohr) süß 1 EL / 9g. (wenig)
Acaipulver 2 TL / 5g. ()
Zimtpulver 1 Prise / 0,5g. (ja)

Kochanleitung:
Die Heidelbeeren in einem Sieb abbrausen und vorsichtig trocken tupfen. Mit Orangensaft und Ahornsirup beträufeln und das Acaipulver unterrühren. Die Mandelstifte in einer Pfanne ohne Fett goldbraun rösten, bis sie duften und auf einem Teller abkühlen lassen. Mit etwas Zimt bestäuben. Quark und Zucker glatt rühren. Abwechselnd mit den marinierten Heidelbeeren in Gläser schichten und mit den Mandelsplittern garnieren.

3.15 Heilbutt mit Tomaten-Knoblauch-Soße

Fördert Verdauung, hilft Fett zu verdauen, harntreibend, senkt Blutdruck, liefert wertvolle Omega-3 Fettsäuren. Gut bei Rheuma, Blähungen, Blasenschwäche, Blutarmut, Bluthochdruck, Depressionen, Diabetes, Durchfall.

Anzahl Portionen: 5
Kalorien p. Portion 319
Gramm p. Portion 297,6
Kochdauer ca. 45 Min.
Allergene: D
(Kohlehydrat:35,73% / Eiweiß & Fett:64,27%)
100g.≈ Eiweiß 34,97g. Fett:9,44g.
µg. - Ph:24,12 Na:43,88 Ka:35,39 Mg:5,15 Ca:4,4 Fe:0,11 Zn:0,01 Col.:0,82 Hsr.:23,91

Zutaten:
Reis Sorte beliebig 1 Tasse / 120g. (ja)
Wasser 6 Tassen / 240g. (ja)
Salz 1 Prise / 1g. (wenig)
Heilbutt 1 Kg / 800g. (ja)
Salz 1 Prise / 1g. (wenig)
Pfeffer gemahlen 1 Prise / 0,5g. ()
Zitrone Saft 1 Spritzer / 2g. (weniger als angegeben)
Lorbeerblatt 2 Stück / 2g. (ja)
Zitrone 1 Stück / 30g. (weniger als angegeben)
Knoblauch 8 Stück / 10g. (weniger als angegeben)
Thymian getrocknet 1 EL / 5g. (ja)
Oliven 75 g. / 75g. (weniger als angegeben)
Tomate 4 Stück / 200g. (wenig)
Salz 1 Prise / 1g. (wenig)
Pfeffer gemahlen 1 Prise / 0,5g. ()

Kochanleitung:
Reis im Salzwasser gar kochen. Den Fisch unter fließend kaltem Wasser abspülen, mit Küchenkrepp abtupfen und mit Salz, Pfeffer und Zitronensaft einreiben. Die Fischfilets in eine Auflaufform legen und mit Stücken der Lorbeerblätter belegen Die Zitrone heiß abwaschen und in Spalten schneiden, den Knoblauch schälen und halbieren. Die Oliven darauf verteilen und mit Thymian bestreuen. Die Tomaten mit heißem Wasser überbrühen, häuten und grob würfeln. Alle Zutaten mischen, mit Salz und Pfeffer würzen und um den Fisch herum verteilen. Alles bei 200 Grad (Umluft 180, Gas Stufe 3) ca. 20 Min. garen. Mit dem Reis anrichten. Zu diesem wohlschmeckenden Fischgericht passt ein gemischter Salat.

3.16 Honigmilch

Beruhigend, gut bei Schlafstörungen, leicht abführend, lindert Schmerzen, entgiftet, bakterizid.

Anzahl Portionen: 1
Kalorien p. Portion 88
Gramm p. Portion 124
Kochdauer ca. 5 Min.
Allergene: G
(Kohlehydrat:52% / Eiweiß & Fett:48%)
100g.≈ Eiweiß 3,85g. Fett:4,2g.
µg. - Ph:92,52 Na:48,61 Ka:146,68 Mg:11,81 Ca:116,29 Fe:0,14 Zn:0,4 Col.:5,81 Hsr.:0

Zutaten:
Kuhmilch (Vollmilch 3,5 % Fett) 1 Tasse / 120g. (wenig)
Honig 1 TL / 4g. (wenig)

Kochanleitung:
Milch leicht erwärmen und den Honig zufügen. In kleinen Schlucken trinken.

3.17 Hühnersuppe mit Eigelb und Petersilie

Stärkt Blut, Knochenmark, Immunsystem und Sehkraft, baut Milz und Magen auf, senkt Blutdruck, bakterizid, harmonisiert Leber und Milz, entgiftet. Petersilie regt Leberfunktion an.

Anzahl Portionen: 2
Kalorien p. Portion 118
Gramm p. Portion 260
Kochdauer ca. 10 Min.
Allergene: CL
(Kohlehydrat:82,37% / Eiweiß & Fett:17,63%)
100g.≈ Eiweiß 16,35g. Fett:2,49g.
µg. - Ph:13,95 Na:17,66 Ka:18 Mg:49,59 Ca:138,8 Fe:0,55 Zn:0,05 Col.:6,53 Hsr.:4,43

Zutaten:
Grundrezept für eine Hühnerbrühe 1/2 Liter / 500g. (empfehlenswert)
Huhn Eigelb 1 Stück / 10g. (wenig)
Petersilie 1 EL / 10g. (empfehlenswert)

Kochanleitung:
Brühe erhitzen und das Eigelb darin verquirlen. Die gehackte Petersilie
drüberstreuen und ca. 2 Min. ziehen lassen und dann in kleinen
Schlucken trinken.

3.18 Karotten- Reisschleimsuppe

Gegen Durchfall, bei Fieber, bakterizid, stärkt Immunsystem, senkt
Blutdruck.

Anzahl Portionen: 1
Kalorien p. Portion 101
Gramm p. Portion   224
Kochdauer ca.   10 Min.
(Kohlehydrat:96% / Eiweiß & Fett:4%)
100g.≈ Eiweiß 2,37g. Fett:0,4g.
µg. - Ph:27,48 Na:20,34 Ka:65,63 Mg:170,89 Ca:178,57 Fe:1,03 Zn:0,34 Col.:0 Hsr.:12,3

Zutaten:
Grundrezept für eine Reissuppe 1 Tasse / 120g. (empfehlenswert)
Karotte (Mohrrübe, Möhre) 2 Stück / 100g. (empfehlenswert)
Salz 1 TL / 4g. (wenig)

Kochanleitung:
Karotten schälen und reiben. Die Reissuppe aufkochen und die
geriebenen Karotten sowie Salz zufügen. 10 Min. kochen.

3.19 Karottenrohkost

Stärkt Milz und Leber, senkt Blutdruck, bakterizid, stärkt Immunsystem,
beugt Krebs vor, reduziert Strahlenverletzungen, stoppt Durchfall,
fördert Verdauung, Appetit anregend, harmonisiert Magen.

Anzahl Portionen: 1
Kalorien p. Portion 74
Gramm p. Portion   154
Kochdauer ca.   10 Min.
(Kohlehydrat:91% / Eiweiß & Fett:9%)
100g.≈ Eiweiß 1,21g. Fett:0,41g.
µg. - Ph:26,57 Na:19,84 Ka:140,47 Mg:10,21 Ca:29,74 Fe:1,4 Zn:0,36 Col.:0 Hsr.:18,25

Zutaten:
Karotte (Mohrrübe, Möhre) 100 g. / 100g. (empfehlenswert)
Apfel (süß) 1 Stück / 50g. (wenig)
Zitrone Saft 2 TL / 3g. (weniger als angegeben)
Zuckerersatz (Süßstoff) 1 g. / 1g. (ja)

Kochanleitung:
Zitronensaft mit Süßstoff verrühren. Die gewaschenen, dünn geschälten Karotten und das Apfelstück in die Soße raspeln und untermischen.

3.20 Kompott aus Rhabarber

Fiebersenkend, schmerzlindernd, entgiftend, bakterizid.
Anzahl Portionen: 1
Kalorien p. Portion 48
Gramm p. Portion   230
Kochdauer ca.   15 Min.
(Kohlehydrat:92,32% / Eiweiß & Fett:7,68%)
100g.≈ Eiweiß 0,64g. Fett:0,1g.
µg. - Ph:11,22 Na:1,7 Ka:119,43 Mg:6,43 Ca:25,43 Fe:0,28 Zn:0,15 Col.:0 Hsr.:2,61

Zutaten:
Rhabarber 100 g. / 100g. (ja)
Wasser 1 Tasse / 120g. (ja)
Honig 1 EL / 10g. (wenig)

Kochanleitung:
Rhabarber waschen und klein schneiden. Im Wasser weich kochen, ein wenig abkühlen lassen und den Honig dazugeben.

3.21 Reis-Congee mit Karotten und Fenchel

Stärkt und wärmt Magen, lindert Verstopfung, regt Nerven an, entgiftet, lindert Entzündungen, verbessert Durchblutung, senkt Blutdruck, bakterizid, stärkt Immunsystem, beugt Krebs vor, reduziert Strahlenverletzungen.
Anzahl Portionen: 3
Kalorien p. Portion 132
Gramm p. Portion   284,67
Kochdauer ca.   2 Stunden
Allergene: G
(Kohlehydrat:94,12% / Eiweiß & Fett:5,88%)
100g.≈ Eiweiß 4,18g. Fett:1,37g.
µg. - Ph:9,78 Na:9,7 Ka:55,1 Mg:64,86 Ca:68,94 Fe:0,4 Zn:0,03 Col.:0,09 Hsr.:3,77

Zutaten:
Grundrezept für eine Reissuppe 1/2 Liter / 500g. (empfehlenswert)
Karotte (Mohrrübe, Möhre) 2 Stück / 100g. (empfehlenswert)
Fenchel 1 Stück / 250g. (empfehlenswert)
Butter Bio 1 TL / 3g. (ja)
Kardamom 1/2 TL / 1g. (ja)

Kochanleitung:
Reis-Congee nach Grundrezept kochen. Karotten und Fenchel putzen
und klein schneiden. Hinweis: Wenn Karotten und Fenchel von Anfang
an mitgekocht werden, dienen sie der Bekömmlichkeit. Werden sie kurz
vor Ende der Kochzeit zugegeben, bleiben Geschmack und Vitamine
erhalten. Vor dem Servieren mit Butter und Kardamom verfeinern.

3.22 Reis-Dulse-Suppe

Stärkt Milz und Leber, senkt Blutdruck, bakterizid, stärkt Immunsystem.
Gut bei Durchblutungsstörungen, Durchfall und Fieber. Vitamin C
bekämpft freie Radikale, fördert den Austausch von Eisen und Calcium,
erhöht Resistenz gegen Infektionskrankheiten.
Anzahl Portionen: 2
Kalorien p. Portion 191
Gramm p. Portion 507,5
Kochdauer ca. 5 min
Allergene: L
(Kohlehydrat:96,23% / Eiweiß & Fett:3,77%)
100g.≈ Eiweiß 4,98g. Fett:1,75g.
µg. - Ph:9,95 Na:13,47 Ka:7,78 Mg:105,69 Ca:185,97 Fe:0,27 Zn:0,05 Col.:0 Hsr.:2,68

Zutaten:
Grundrezept für eine Reissuppe 4 Tassen / 500g. (empfehlenswert)
Grundrezept für eine Gemüsebrühe 1/2 Liter / 500g. (empfehlenswert)
Dulse (Lappentang) 2 EL / 15g. (ja)

Kochanleitung:
Je eine Portion vorgekochtes Grundrezept für eine Reissuppe (Congee)
und vorgekochtes Grundrezept für eine Gemüsebrühe (nahrhaft)
aufwärmen. Dulse im Backofen bei 220 Grad 3 Min. backen und die
knusprige Dulse über den Reis streuen.

3.23 Rinderbrühe mit Eigelb

Stärkt Muskeln, Sehnen und Knochen, senkt Blutdruck, bakterizid, stärkt Immunsystem.

Anzahl Portionen: 1
Kalorien p. Portion   174
Gramm p. Portion   275
Kochdauer ca.   5 Min.
Allergene: CO
(Kohlehydrat:79,01% / Eiweiß & Fett:20,99%)
100g.≈ Eiweiß 13,95g. Fett:11,42g.
µg. - Ph:95,65 Na:29,33 Ka:23,55 Mg:84,18 Ca:199,09 Fe:1,38 Zn:1,25 Col.:115,67
Hsr.:3,82

Zutaten:
Grundrezept für eine Rinderbrühe 1/4 Liter / 250g. (empfehlenswert)
Huhn Eigelb 1 Stück / 25g. (wenig)

Kochanleitung:
Rindersuppe (nach Grundrezept für eine Rinderbrühe hergestellt) aufwärmen und das Dotter darin verquirlen.

3.24 Schwarzwurzel mit Joghurt

Schwarzwurzeln regen Nieren, Blase und damit die Reinigung des Körpers an. Sie stimulieren im physiologischen Sinne allgemein die Drüsen im Organismus. Gut bei akuter oder chronischer Verstopfung des Darmes. Liefern Vitamine und Spurenelemente.

Anzahl Portionen: 2
Kalorien p. Portion   319
Gramm p. Portion   304,5
Kochdauer ca.   20 min
Allergene: AG
(Kohlehydrat:76,55% / Eiweiß & Fett:23,45%)
100g.≈ Eiweiß 7,98g. Fett:2,08g.
µg. - Ph:45,41 Na:46,46 Ka:135,9 Mg:13,05 Ca:30,12 Fe:1,28 Zn:0,12 Col.:0,16
Hsr.:28,83

Zutaten:
Schwarzwurzel 1/2 Kg. / 400g. (ja)
Joghurt (natur, 1,5 % Fett) 4 EL / 80g. (ja)
Kräuter verschiedene 1 EL / 8g. (ja)
Salz 1 Prise / 1g. (wenig)
Mehrkornbrot (Graubrot) 6 Scheiben / 120g. (wenig)

Kochanleitung:
Schwarzwurzel schälen und in Salzwasser kochen, bis sie weich sind.

Das Wasser wegschütten, Schwarzwurzel auskühlen lassen und klein schneiden. Mit Joghurt übergießen und mit frischen Kräutern bestreuen. Mit dem Mehrkornbrot servieren.

3.25 Selleriesaft

Mineral- und vitaminreich, stoffwechselfördernd und entwässernde Heilwirkung.

Anzahl Portionen: 1
Kalorien p. Portion 33
Gramm p. Portion 320,5
Kochdauer ca. 5 Min.
Allergene: L
(Kohlehydrat:61,11% / Eiweiß & Fett:38,89%)
100g.≈ Eiweiß 2,4g. Fett:0,4g.
µg. - Ph:30,19 Na:83,35 Ka:214,67 Mg:8,05 Ca:52,18 Fe:0,32 Zn:0,1 Col.:0 Hsr.:43,68

Zutaten:
Sellerie Knolle 1/2 Stück / 200g. (empfehlenswert)
Wasser 1 Tasse / 120g. (ja)
Salz 1 Prise / 0,5g. (wenig)

Kochanleitung:
Sellerieknolle schälen, in Stücke schneiden und entsaften. Mit Wasser mischen und nach Bedarf salzen.

3.26 Tee aus Brombeerblättern

Als Mundspülung geeignet. Gut bei Durchfall, Entzündungen der Haut, Erkältungen, Fieber, Halsschmerzen, Heiserkeit, Magen- und Darmkatarrh, Magenreizungen, Sodbrennen, Zahnfleischbluten, zu viel Magensaft.

Anzahl Portionen: 1
Kalorien p. Portion 0
Gramm p. Portion 127
Kochdauer ca. 10 Min.
(Kohlehydrat:0% / Eiweiß & Fett:0%)
100g.≈ Eiweiß 0g. Fett:0g.
µg. - Ph:0 Na:0,98 Ka:0 Mg:0,98 Ca:4,92 Fe:0,01 Zn:0,1 Col.:0 Hsr.:0

Zutaten:
Brombeerblätter 1 TL / 2g. (ja)
Wasser 1 Tasse / 125g. (ja)

Kochanleitung:
Brombeerblätter mit kochendem Wasser aufgießen und nach 10 Min. abseihen. Morgens und abends 1 Tasse trinken.

3.27 Tee aus Holunderblüten

Harn- und schweißtreibend. Gut bei Halsschmerzen, Erkältungen, Grippe, Harnsteinen, Konzentrationsschwäche, Mitessern, Rheuma, Verstopfung, Wassersucht, Heuschnupfen. Stärkt das Immunsystem.

Anzahl Portionen: 4
Kalorien p. Portion 7
Gramm p. Portion 128
Kochdauer ca. 10 Min.
(Kohlehydrat:0% / Eiweiß & Fett:0%)
100g.≈ Eiweiß 0g. Fett:0g.
µg. - Ph:0 Na:0,24 Ka:0 Mg:0,24 Ca:1,22 Fe:0 Zn:0,01 Col.:0 Hsr.:0

Zutaten:
Holunderblütentee 4 TL / 12g. (empfehlenswert)
Wasser 1/2 Liter / 500g. (ja)

Kochanleitung:
Die Holunderblüten mit kochendem Wasser übergießen und nach 5 Min. abseihen.

3.28 Tee aus Lindenblüten

Die schweißtreibende Wirkung kann bei fiebrigen Erkältungskrankheiten genutzt werden. Der Lindenblütentee aktiviert die körpereigenen Abwehrkräfte, wodurch mit Fieber einhergehende Erkältungskrankheiten schneller überwunden werden können.

Anzahl Portionen: 2
Kalorien p. Portion 0
Gramm p. Portion 251
Kochdauer ca. 10 Min.
(Kohlehydrat:0% / Eiweiß & Fett:0%)
100g.≈ Eiweiß 0g. Fett:0g.
µg. - Ph:0 Na:0,5 Ka:0 Mg:0,5 Ca:2,49 Fe:0 Zn:0,02 Col.:0 Hsr.:0

Zutaten:
Lindenblütentee 1 Teebeutel / 2g. (ja)
Wasser 1/2 Liter / 500g. (ja)

Kochanleitung:
Wasser zum Kochen bringen und beiseite stellen. Lindenblüten dazugeben, 10 Min. ziehen lassen und nach Geschmack mit Honig süßen.

3.29 Tee aus Löwenzahn

Entgiftet, lindert Entzündungen.
Anzahl Portionen: 2
Kalorien p. Portion 1
Gramm p. Portion 253
Kochdauer ca.   15 Min.
(Kohlehydrat:68,57% / Eiweiß & Fett:31,43%)
100g.≈ Eiweiß 0,08g. Fett:0,02g.
µg. - Ph:0,42 Na:0,94 Ka:2,61 Mg:0,71 Ca:3,41 Fe:0,02 Zn:0,03 Col.:0 Hsr.:0,36

Zutaten:
Löwenzahn (junger) 2-4 TL / 6g. (ja)
Wasser 1/2 Liter / 500g. (ja)

Kochanleitung:
Der kleingeschnittene Löwenzahn wird mit kaltem Wasser übergossen, erhitzt und für eine Minute gekocht. Anschließend 10 Min. ziehen lassen, filtern und genießen. Nach Geschmack mit Honig süßen.

3.30 Vanillepudding

Gegen Verstopfung.
Anzahl Portionen: 2
Kalorien p. Portion 255
Gramm p. Portion 274,5
Kochdauer ca.   10 Min.
Allergene: G
(Kohlehydrat:67,17% / Eiweiß & Fett:32,83%)
100g.≈ Eiweiß 8,11g. Fett:8,88g.
µg. - Ph:44,27 Na:33,55 Ka:70,35 Mg:5,7 Ca:55,16 Fe:0,1 Zn:0,09 Col.:1,37 Hsr.:0

Zutaten:
Kuhmilch (Vollmilch 3,5 % Fett) 500 ml. / 500g. (wenig)
Puddingpulver Vanille 1 Paket / 37g. (ja)
Zucker (weiß, aus Rüben) 1 EL / 12g. (wenig)

Kochanleitung:
3-5 EL der Milch in eine Tasse geben und den Rest in einem Topf zum Kochen bringen. Das Puddingpulver zusammen mit dem Zucker und der Milch in der Tasse klümpchenfrei verrühren. Sobald die Milch kocht, die Mischung zugeben und unter ständigem Rühren auf kleiner Flamme ca. 3 Min. kochen. In vorbereitete Schälchen verteilen.

4 Wirkung der Lebensmittel

4.1 Zutaten verwenden: empfehlenswert

Aloesaft
Anis (gemeiner Fenchel)
Aubergine
Banane
Banane Kochbanane
Brombeere
Dill
Dorsch
Feldsalat
Fenchel
Fenchelsamen gemahlen
Fencheltee
Flaschenkürbis
Gurke (bitter)
Hokkaidokürbis
Holunderbeeren
Holunderblütentee
Honigmelone
Hüttenkäse
Kamille
Karausche
Karotte (Frühkarotte)
Karotte (Mohrrübe, Möhre)

Karottensaft ohne Zucker
Kartoffel
Kartoffel (mehlige)
Käsepappeltee
Kerbel
Kerbel getrocknet
Kräuterteemischung
Kresse
Kümmel
Kümmel gemahlen
Kürbis
Liebstöckel
Petersilie
Petersilienwurzel
Rote Rübe
Schwarzkümmel
Sellerie Knolle
Spargel (grün oder weiß)
Speiserüben
Spinat
Wachskürbis
Wassermelone
Zucchinix

4.2 Zutaten verwenden: ja

Amaranth
Amaranth POPS
Angelikawurzel
Apfelmus
Artischocke
Astronautenkost
Austern
Backpulver
Baldrian
Bambussprossen
Banchatee
Barsch
Basilikum
Basilikum (frisch)
Bataviasalat
Beeren der Saison
Berberitzenrindetee
Bitterklee
Blattsalate (bitter)
Blütenpollen
Bockshornklee
Borretsch
Boxhornkleesamen

Brennnessel
Brokkoli
Brombeerblätter
Brösel (Weizenbrot, Semmel)
Brot mit Johannisbrotkernmehl
Brötchen (Semmel)
Buchweizen
Buchweizen (geröstet) Kasha
Bulgur (Getreide)
Butter (halbfett)
Butter Bio
Buttermilch
Calamari
Channa-Dal
Chicorée
Chlorella (Süßwasser)
Chrysanthemenblütentee
Couscous
Cumin (Kreuzkümmel)
Dashi
Dinkel
Dinkel Flocken
Dinkel Gries

Dornhai (Seeaal, Schillerlocken)
Dulse (Lappentang)
Eisbergsalat
Endiviensalat
Enzianwurzel
Erdbeere
Estragon
Färberdiestel (Hong Hua)
Feige
Fischstücke gemischt (Süßwasser)
Flunder
Forelle
Früchtetee
Galgant
Gänseblümchen
Garnele
Gelatine weiss
Gelee Royal
Gerste
Gerste (Nacktgerste)
Gerste (Perlgerste)
Gerstengras Pulver
Gerstengraupen
Gerstengrütze
Gerstenmalz
Gerstenmehl
Getreidekaffee
Ginkgofrucht
Ginsengwurzel
Glühweingewürzmischung
Granatapfel
Grüner Tee
Guave
Hafer
Hafer Mehl
Hafer Milch
Hafer Schmelzlocken (Babynahrung)
Hagebutte
Hagebuttentee
Haifisch
Heidelbeere
Heilbutt
Hibiskustee
Hijiki
Himbeerblättertee
Himbeere
Hiobsträne (Samen) YiYi Ren
Hirse
Hirseflocken
Huhn Eiweiß
Hummer
Jasminblütentee
Joghurt (natur, 1,5 % Fett)
Johannisbeere (rot)

Johannisbeere (schwarz)
Johannisbeere (weiß)
Johannisbrotkernmehl
Kabeljau
Kaffeeweißer
Kaktusfeige
Kalmus
Kapuzinerkresse
Karambole/Sternfrucht
Kardamom
Kartoffelmehl
Kefir
Klettenwurzeltee
Knäckebrot
Kohlrabi
Kohlrübe
Kompott (Früchte der Saison)
Kopfsalat
Koriander
Koriandergrün
Krabbe
Krake
Kräuter bittere
Kräuter der Provence
Kräuter verschiedene
Kräuter Wildkräuter
Kuhmilch (1,5 % Fett)
Kukichatee
Kumquat
Kurkuma (Gelbwurz)
Kuzu
Lachs
Languste
Laugengebäck
Lavendelblüten
Leberglättertee
Liebstöckelsamen
Lindenblütentee
Löffelbiskuit
Longane
Lorbeerblatt
Löwenzahn (junger)
Löwenzahnsaft
Löwenzahnwurzeltee
Luohan-Frucht
Lychee
Lychee (Konserve)
Magermilchpulver
Mais
Mais (geröstet)
Mais (Schnellpolenta)
Mais Gries (Polenta)
Mais Mehl (Maizena)
Maishaartee

Maisstärke
Majoran
Malventee
Mangold
Maulbeerfrucht
Meeräsche
Meereskrebs
Melisse
Miesmuscheln
Mineralwasser
Miso
Miso schwarz (fermentiert)
Mispel
Mittelmeerfisch (Kabeljau, Scholle,
Schellfisch, Seeaal, Makrele)
Molke
Moosbeere
Muskatnuss
Nelke
Nori, Purpurtang, Rotalge
Nudeln (Weizen) mit Ei
Nudeln (Weizen, Bandnudeln) mit Ei
Nudeln (Weizen, Lasagneblätter) mit Ei
Nudeln (Weizen, Spagetti) mit Ei
Okra
Orangenblüten
Oregano frisch
Oregano getrocknet
Papaya
Passionsblumenblütentee
Passionsfrucht (Maracuja)
Pastinake
Pfefferminze
Pfefferminztee
Pfeilwurzelmehl
Piment
Preiselbeere
Preiselbeermarmelade
Preiselbeersaft
Puddingpulver Vanille
Qualle
Quargel 20%
Quinoa
Quitte
Radicchio
Reis Basmatireis
Reis Duftreis
Reis Gaoliangreis (Sorghum)
Reis Klebreis
Reis Langkornreis
Reis Reisschleim
Reis Roter
Reis Rundkornreis
Reis Sorte beliebig

Reis Süßer
Reismalz
Reismehl
Reisnudeln
Reisstärke
Rettich schwarz
Rettichblätter (vom Wochenmarkt)
Rhabarber
Roggen
Roggenmehl
Römersalat/Lattich-Salat
Rosenblättertee
Rosenblütentee
Rosmarin
Rotbarsch
Rote Grütze (ohne Zucker)
Safran
Sago (Getreide)
Sahne 10% Kaffeesahne
Sahne sauer 10%
Salbei
Sanddorn
Sauerampfer
Sauermilch
Sauerrahm 15% Fett
Sauerteig
Schafgarbe
Schafgarbentee
Schafmilch Joghurt
Schafskäse
Schafsmilch
Schmelzkäse 12%
Schnecke
Scholle
Schwarzwurzel
Schwedenkraut (Schwedenbitter)
Sellerie Stangensellerie
Shrimps
Spitzwegerichtee
Stachelbeere
Sternanis
Stevia (Süßkraut)
Stutenmilch
Süßholzwurzeltee
Süßkartoffel
Süßwasserfisch
Süßwasserkrebs
Teemischung Harnsäuresenkend
Thymian
Thymian getrocknet
Tintenfisch
Topfen (Quark) 20%
Tsampa (geröstetes Gerstenmehl)
Vanille

Vanillepulver
Vanilleschote
Vogelmiere
Vogerlsalat (Pflücksalat)
Wacholderbeere
Wakame
Walderdbeeren
Wasser
Wasser heiss
Weißbrot (Weizenbrot)
Weißbrot Baguette
Weißbrot Brösel (Weizenbrot)
Weißbrot Knödelbrot (Weizenbrot)
Weißbrot Salzstangerl
Weißbrot Semmel
Weißdorn
Weißfischchen
Weißwurz
Weizen
Weizen Bulgurweizen
Weizen Fladenbrot

Weizen Flocken
Weizen Gras Pulver
Weizen Gries
Weizen Gries - Kindergries
Weizen Mehl
Weizengrassaft
Wermutkraut
Wildkräuter
Yamswurzel, Yamswurzelknolle
Yogitee
Ysop
Ziegen- und Schafsmilch
Ziegenkäse
Zimtpulver
Zimtstange
Zitronengras
Zitronenmelisse (frisch)
Zitronenmelisse (getrocknet)
Zuckerersatz (Süßstoff)
Zwieback

4.3   Zutaten verwenden: wenig

Acerola Fruchtnektar oder Pulver
Agar-Agar, Agartang
Agavendicksaft
Ahornsirup
Ananas
Ananas (aus der Dose)
Ananassaft ungezuckert
Apfel (sauer)
Apfel (süß)
Apfelsaft (Naturtrüb)
Aprikosen Marmelade
Avocado
Bärentraubenblätter
Beerensaft
Benediktinerdistel
Birne
Birnensaft
Blumenkohl (Karfiol)
Bohnenöl
Borretschöl
Bratöl
Brombeermarmelade
Buchweizen Vollkorn
Butterschmalz
Cranberries
Datteln getrocknet
Datteln rot
Dinkel Brot
Dinkel Vollkornmehl
Distelöl

Edamer
Eibisch (Hibiscus)
Entenei
Erdbeermarmelade
Erdbeersaftgetränk
Erdnussöl
Essig (Apfelessig)
Essig (Rotweinessig)
Essig Aceto Balsamico
Essig Aceto Balsamico weiss
Fasan
Feige getrocknet
Feta
Fisch Innereien
Fischreste
Fischsouce
Frischkäse
Frischkäse aus Soja
Frischkäse mit Kräuter
Fruchtzucker (Fruktose,
Traubenzucker)
Gänseei
Gemüsesaft
Gewürznelke
Gouda
Graskarpfen
Grünkern
Gurke
Gurke (Gewürzgurke)
Hafer Flocken geröstet

Hafer Schrot
Hammel
Hase
Hase, wild
Hefe
Heidelbeere getrocknet
Heidelbeermarmelade
Heidelbeersaft
Hering
Himbeere getrocknet (unreife)
Himbeermarmelade
Hirsch Fleisch
Hirsch Knochen
Honig
Hopfen
Huhn Ei
Huhn Eigelb
Huhn Fleisch
Joghurt (natur, 3,5 % Fett)
Johannisbeermarmelade (rot)
Johannisbeermarmelade (schwarz)
Johannisbeernektar (schwarz)
Kakao
Kaninchen Fleisch
Kapern (eingelegt)
Kastanien (Maronen)
Kaviar
Kiwi
Kombualge
Korinthen (rot)
Korinthen (schwarz)
Kuhmilch (Vollmilch 3,5 % Fett)
Kürbiskernöl
Lamm Fleisch
Lamm Knochen
Lamm Schulter
Leinöl
Maiskeimöl
Makrele
Malz
Mango
Mangopulver
Mangosaft
Margarine
Margarine (Diät)
Mehrkornbrot (Graubrot)
Mohn
Mozzarella
Nektarine
Obstmischung Fruchtsaft
Olivenöl
Orangenmarmelade
Palmöl
Pferd Fleisch

Pfirsich
Pfirsich (Dose)
Pute Brustfleisch
Pute Schinken
Rapsöl
Reh Fleisch
Rind (Kalb)
Rind Filet
Rind Fleisch
Rind Fleischknochen
Rind Ochsenschwanzstücke
Rind Suppenfleisch
Rosinen
Sahne sauer 20%
Salz
Salz Kräutersalz
Schaffleisch
Schimmelkäse
Schmelzkäse 30%
Schwein Fleisch
Schwein Haxe (Eisbein)
Schwein Schinken
Schwein Schinken gekocht
Schwein Schinken geselcht
Senfsamen
Sesamöl
Soja Tofu
Soja Tofu geräuchert
Sojabohnenmilch
Sojamehl
Soja-Nudeln
Sojaöl
Sojasauce
Sonnenblumenöl
Taube
Taube Ei
Thunfisch
Tomate
Tomatenmark
Tomatenpüre
Tomatensaft
Tonicwasser
Topfen (Quark) 40%
Trauben rot
Trauben weiß
Traubenkernöl
Traubensaft rot
Traubensaft weiß
Trüffel
Umeboshipaste
Vanillezucker natur
Wachtel
Wachtel Ei
Walnussöl

Weizenkeimöl
Wildschwein Fleisch
Ziege
Zucker (Staubzucker)
Zucker (weiß, aus Rüben)
Zucker braun
Zucker Fructose Fruchtzucker

Zucker Glukose Traubenzucker
Zucker Kandis weiß
Zucker Melasse
Zucker Milchzucker
Zucker Palmzucker
Zucker Ursüße (Zuckerrohr) süß

4.4 Kontraindikativ wirkende Lebensmittel nicht verwenden

Aal
Aal geräuchert
Adzukibohnen
Andornkraut
Aprikose
Aprikose getrocknet
Aprikosennektar
Austernpilze
Austernschalenpulver
Bärlauch (Knoblauchspinat)
Bier (alkoholarm)
Bier (alkoholfrei)
Bier (Altbier)
Bier (Pils)
Bitter Lemon
Bitterlikör
Bitterorangenschale
Blätterteig
Bocksdornfrüchte (Fructus Lycii) getrocknet
Bohnen (grün, frisch)
Bohnenkraut
Brie
Brombeere getrocknet (unreife)
Buschbohnen
Butterbohnen weiße
Camembert
Campari
Cashewnüsse
Champignon
Chenpi (chinesische Mandarinenschale)
Chili (Schote oder gemahlen)
Chinakohl
Clementinen
Colagetränk
Colagetränk (kalorienarm)
Creme fraiche
Curry
Currypaste rot
Eibennuss
Emmentaler
Ente (Frühmastente, schlachtfrisch)

Ente (Herz)
Erbse, grün
Erbsen
Erdnuss (geröstet)
Erdnussbutter
Erdnüsse
Essiggurke
Färberginsterkraut
Fernet Branca (Kräuterbitterlikör)
Flohsamen
Forelle (geräuchert)
Gagelpflaume
Gans
Gans (Gänseklein)
Gans (Gänseschmalz)
Gänseblut
Garam Masala Pulver
Ginsenglikör
Gorgonzola
Grapefruit getrocknete Schale
Grapefruit/Pampelmuse/Pomelo
Grapefruitsaft
Grundrezept für eine Entenbrühe
Hafer Flocken (Vollkorn)
Haselnüsse
Hirsch Nieren
Honigwein (Met)
Huhn Blut
Huhn Herz
Huhn Leber
Huhn Magen
Ingwer frisch
Ingwer Pulver
Ingweröl
Kaffee
Kaki-Pflaume
Kaninchen Leber
Karpfen
Kichererbsen
Kirsche
Kirsche (sauer)
Kirschenkompott
Kirschsaft

Klementine
Knoblauch
Kokosfett
Kokosflocken
Kokosmilch
Kokosnussfleisch
Kokosraspeln
Kürbiskerne
Lamm Leber
Lamm Nieren
Lauch (Porree)
Lauchzwiebel Schnittlauch
Leinsamen
Leinsamen (geschrotet)
Limabohnen
Linsen (Helmbohnen)
Linsen gelb
Linsen rot
Linsen schwarz
Lycheelikör
Malzbier
Mandarine
Mandelmilch
Mandelmus
Mandeln
Mandeln Marzipan
Maniokmehl
Marillen
Marillensaft
Martini
Mayonnaise 50%
Mayonnaise 80%
Mirabelle
Mixed Pickels
Morchel (schwarz, getrocknet)
Mu-Erh-Pilz
Mungbohne
Mungbohnensprossen
Müsli
Nachtkerzenöl
Nierenbohnen (rote)
Nudeln (Vollkorn) mit Ei
Odermennig
Oliven
Oliven grün
Orange
Orange abgeriebene Schale
Orange getrocknete Schale
Orange Schale
Orangensaft
Paprika
Paprika (Rosenpaprikapulver)
Paprika (süß)
Paranuss

Parmesan
Peperoni
Peperoni, gelb, entkernt, halbiert
Peperoni, rot, entkernt, halbiert
Pfeffer Cayenne
Pfeffer Körner
Pfeffer weiss (gemahlen)
Pfifferlinge/Eierschwammerl
Pflaume
Pflaume getrocknet
Pinienkerne
Pintobohnen gesprenkelt
Pistazien
Prosecco
Pumpernickel
Radieschen
Reineclaude
Reis Schwarzer
Reis Vollkorn
Reis Wilder (Naturreis)
Reishi
Rettich (weiß, grün, lila-rot)
Rettich Meerrettich (Kren)
Rind Herz
Rind Herz (Kalb)
Rind Knochenmark
Rind Leber
Rind Lunge (Kalb)
Rind Magen
Rind Niere
Roggen Vollkornbrot
Rosenkohl
Rotkohl
Rotwein
Rum
Sahne sauer 30%
Sahne, süß 30%
Sake
Sardellen/Sardine
Saubohnen (Dicke Bohnen)
Sauerkirsche
Sauerkraut
Schlehdorn
Schnaps
Schokolade
Schokolade (Diabetiker)
Schwarzaugenbohnen
Schwarze Bohnen
Schwarzer Fungu Pilz
Schwarztee
Schwein Blut
Schwein Bratwurst
Schwein Darm
Schwein Fett

Schwein Haut
Schwein Herz
Schwein Hirn
Schwein Leber
Schwein Lunge
Schwein Magen
Schwein Markknochen
(Röhrenknochen)
Schwein Mettwurst
Schwein Nieren
Schwein Schinkenspeck
Schwein Schmalz
Seegurke
Senf
Senf Dijon
Senf mittelscharf
Senf süß
Sesam Paste (Tahini)
Sesam, Schwarzer
Sesam, Weißer
Sesamöl geröstet
Sherry
Shiitake, getrocknet
Silbermorchel, getrocknet
Soja Cuisine (Soja-Sahne)
Sojabohne
Sojabohnen, Gelbe
Sojabohnen, Schwarze
Sojabohnen, Schwarze, fermentiert
Sojacreme
Sojapaste (Miso)
Sonnenblumenkerne
Stangenbohnen (Fisolen)

Steinpilz/Herrenpilz
Tabasco
Toastbrot (Vollkorn)
Tomate getrocknet
Umeboshipflaumen (Japanaprikosen)
Vollkornbrot
Vollkornbrot mit ganzen Körner
Vollkornmehl
Walnüsse
Walnüsse geröstet
Weiße Bohnen
Weißkohl/Weißkraut
Weißwein
Weizen Bier
Weizen Mehl Vollkorn
Weizen/Roggen Grau- Schwarzbrot mit
Hefe
Weizenkleie
Wermut
Wirsing/Grünkohl
Ziegen- und Schafsblut
Ziegen- und Schafshirn
Ziegen- und Schafsleber
Ziegen- und Schafsmagen
Zitrone
Zitrone Saft
Zitrone Schale
Zitrone, Limette
Zwetschken
Zwiebel Frühlingszwiebel
Zwiebel rot
Zwiebel Schalotte
Zwiebel weiss

5 Komplementär

5.1 Dekokt (Abkochung)

5.1.1 Basilikum

Gut gegen Emphysem, Bronchitis, Keuchhusten, hoher Blutdruck, Kopfschmerzen, Mundgeruch, Warzen, Schluckauf, Gicht, gegen Migräne. Beruhigend, krampflösend, schleimlösend, entzündungshemmend und antibakteriell.

½ TL getrockneten gerebelten Basilikum pro Tasse, 2-3 Tassen täglich Basilikum wirkt wohltuend bei Blähungen und Übelkeit, entkrampfend und beruhigend. Das köstliche pfeffrige Aroma passt zu Tomaten, Salaten, Pasta und Pesto, zu Eintöpfen, Gurken, Zucchini und Pilzen. Verschiedene Sorten und Arten bieten ganz unterschiedliche Geschmackserlebnisse.

Antidepressivum:
• in Wodka ansetzen (2/3 Wodka, 1/3 Basilikum) 3 Wochen in die Sonne stellen, zwischendurch immer wieder schütteln, dann abseihen, sonst wird er bitter; Einnahme: 1 Woche lang 1 kleines Schnapsglas täglich, dann 2 Wochen Pause; bei stark depressiver Verstimmung zusätzlich Bohnenkraut dazugeben Cave: nicht in der Schwangerschaft, der Stillzeit und nicht für Kleinkinder
• 10 Tropfen Basilikumöl (Primavera) mit 50 ml Oliven- oder Yoyoba-öl mischen, regelmäßig in paar Tropfen auf Ren 12 (Stelle unterhalb des Brustbeins) einreiben
Wirkstoffe: ätherisches Öl, Gerbstoffe, Flavonoide.

5.1.2 Brombeeren unreif

Gut gegen Magenschmerzen, Übelkeit, Blähungen, Durchfall, Heiserkeit, Grippe, Fieber, Verschleimungen der Atmungsorgane, Mandelentzündung.
3-5 g. der getrockneten Blätter mit 250ml. Kochendem Wasser übergießen und 10 Min. ziehen lassen.

5.1.3 Löwenzahn Wurzel

Lindert Entzündungen, steigert den Gallefluss, regt die Milchproduktion an, stärkt die Magenfunktionen, wirkt fiebersenkend und abschwellend, löst Blutgerinnsel auf, reinigt das Blut.
6-8 Pflanzen 10-14 Tage lang in zwei Dosen auf leeren Magen trinken
Dosierung: bei Leber- und Gallenbeschwerden und der damit verbundenen Anspannung, Übelkeit und Reizbarkeit eine Abkochung mit 6-8 Pflanzen 10-14 Tage lang in zwei Dosen auf leeren Magen trinken; bei geringer Milchbildung Abkochung aus 10 Pflanzen in drei Dosen auf leeren Magen trinken; bei Brusttumoren und damit verbundenen Schmerzen und Schwellungen Abkochung aus 20 Pflanzen in drei Dosen auf leeren Magen trinken. Äußerlich wirkt der Saft der frischen Pflanze als Gegengift auf Schlangenbisse.
Besonderheiten: In der TCM hat der Löwenzahn aufgrund seiner abschwellenden, entstauenden und entgiftenden Wirkung als Heilmittel eine große Bedeutung in der Behandlung von Störungen der weiblichen Geschlechtsorgane, insbesondere der Brüste, sowie bei Leberbeschwerden. Außerdem eignet sich Löwenzahn sehr gut, um nach reichlichem Alkoholgenuss den „Kater" am nächsten Morgen zu vertreiben.
Nicht zu viel davon verwenden, da es leicht zu Diarrhö kommt.

5.1.4 Muttergedenkenwurzel

Senkt Fieber, lindert Schleimhautentzündungen, weicht gereiztes Darmgewebe auf, wirkt harntreibend und abschwellend.
Abkochung 6-12 g, in zwei Dosen auf leeren Magen trinken
Als Pulver (pur, Kapseln oder Pillen) 5-10 g, in zwei Dosen auf leeren Magen mit warmem Wasser oder Wein trinken.
Nicht anwenden bei: bei Leere-Kälte-Zuständen in Milz und Magen; bei wässrigem Durchfall Besonderheiten: Chronische Anwendung kann zu Darmträgheit führen.
Unverträglichkeit mit: Eisenpräparaten, allen Gegenständen aus Eisen.
Vorsichtig verwenden bei: weichem Stuhl durch Milz-Xu.

5.1.5 Wegwarte Wurzel

Hilft bei Ikterus, Hepatitis, Fieber, Übelkeit, Diarrhöe, Kopfschmerzen, Obstipation, trockener Stuhl, Durst, Völlegefühl, Appetitmangel, Stimmungsschwankungen, Ödeme, Übergewicht, Hyperurikämie (Gicht und Rheuma).
2-6 Gramm fein geschnittener Wurzel werden mit 150 ml kaltem Wasser

übergossen. 2 – 3 Min kochen und dann abseihen. Der Tee wird ½ Std vor dem Essen getrunken und sollte nicht gesüßt werden.
In seltenen Fällen können allergische Hautreaktionen auftreten

5.2 Einreibung

5.2.1 Chili Schoten

Äußerlich als Einreibungen gut gegen rheumatische Erkrankungen, Erkältung, Fieber, Verdauungsschwäche, Übelkeit, Erbrechen, Schmerzen, Depressionen, Verspannungen.
Hohe Dosen können bei längerer Anwendung zu lebensgefährlicher Hypothermie führen, zu akuter Gastritis, Nierenentzündung.
Zubereitungen mit Capsicum reizen auch in geringen Mengen Haut und Schleimhäute und können schmerzhaftes Brennen hervorrufen.

5.3 Heil-Tee (Aufguss)

5.3.1 Benediktienerdiestel, Benediktenkraut

Appetitanregend. Gut gegen Verdauungsstörungen, Übelkeit, Wechsel zwischen Diarrhöe und Obstipation, Arthritis, Gicht, Fieber.
Das Benediktenkraut besitzt ein gewisses Allergiepotential. Das Öl der Pflanze, das bei eitrigen Hautgeschwüren angewendet wurde, wirkt vor allem gegen Staphylokokken bakteriostatisch.

5.3.2 Catuaba Tee

Hohen Anteil an Mineralstoffen und Spurenelementen. Vor allem Magnesium, Kalium und Calcium sind in beachtlichen Mengen erhalten. Catuaba wirkt regenerierend und angenehm erfrischend.
Einen gehäuften Esslöffel Tee ca. 5 Minuten in ½ Liter Wasser kochen und anschließend etwa 15 Minuten ziehen lassen. Mit Honig süßen. Ein kleiner Spritzer Zitronensaft beim Aufgießen dem Tee beigemischt, hilft die Mineralstoffe optimal herauszulösen.
Catuaba ist eine Droge, die aus verschiedenen Pflanzen hergestellt wird. Verwendete Pflanzen sind neben anderen Trichilia catigua, Anemopaegma arvense und Erythroxylon-Arten (Verwandte des Cocastrauchs).

5.3.3 Enzianwurzel

Wirkt abschwellend, senkt das Fieber, stärkt den Magen, lindert Schmerzen und Entzündungen bei Rheuma.
2-5 g in zwei Dosen nach den Mahlzeiten trinken
Pulver 2-3 g pur, als Kapseln oder Aufguss in zwei Dosen nach den Mahlzeiten einnehmen Besonderheiten: Enzian wird sowohl in der östlichen als auch in der westlichen Medizin seit sehr langer Zeit als Bittertonikum verwendet. Er regt die Verdauung an und steigert die Durchblutung im Bauchraum. Enzian beruhigt die überaktiven Energien von Milz und Pankreas und kann so die Entwicklung von Diabetes hinauszögern. Außerdem verhindert er, dass bereits bestehender Diabetes mellitus weiter fortschreitet.

5.3.4 Wermut

Gut gegen Appetitlosigkeit, Verdauungschwäche, Magenkrämpfe, Blähungen, Gastritis, Erschöpfung, Reizbarkeit, Medikamenten- und Nahrungsmittelunverträglichkeit, Fieber, Grippale Infekte, Parasiten.
1 TL auf 1/2l Wasser
Wermut - Wird nicht nur verwendet, um Würmer zu eliminieren; er ist außerdem eine höchst wirksame Leber- und Verdauungshilfe. Er ist auch dabei behilflich, Blockaden zu entfernen, die eine träge Menstruation erzeugen. Es ist immer am Besten, dieses Kräutermittel in Verbindung mit anderen Kräutern einzunehmen.
Medizinische Anwendungen: Blutarmut, Arthritis, Blähungen, Kreislauf, Erkältungen, Verstopfung, Depression, Ödeme, Ohrenschmerzen, Fieber, Frauenleiden, Winde, Gallenblase, Gallensteine, Gicht, Herzbrennen, Hepatitis, Gelbsucht, Nierenleiden, morgendliche Übelkeit, Übelkeit, Fettleibigkeit, Parasiten, Rheumatismus, Magenleiden, Würmer.
Eigenschaften: Abortiv wirkend, alterativ, Appetit fördernd, Wurmmittel, antibiotisch, Anti-Depressionsmittel, entzündungshemmend, fiebersenkend, antiseptisch, aromatisch, Bittertonikum, Mittel gegen Blähungen, galletreibend, verdauungsfördernd, Eintritt der Monatsblutung förderndes Mittel, magenstärkend, Wurmmittel.
Nicht in der Schwangerschaft verwenden. Es ist immer am Besten, dieses Kräutermittel in Verbindung mit anderen Kräutern einzunehmen.

5.4 Komplementäre Anwendung

5.4.1 Ayur Veda

Ayurveda ist eine Kombination aus empirischer Naturlehre und Philosophie, welche die Ausgewogenheit des Körpers anstrebt. Ayurveda hat einen ganzheitlichen Anspruch, da der ganze Mensch mit einbezogen wird. Es werden pflanzliche Heilmittel verabreicht, welche eingenommen oder aufgetragen werden. Dadurch werden Organe gestärkt oder eine Entgiftung/Entschlackung angeregt.
Speziell bei Krebs wird das Ungleichgewicht verschiedener Elemente beschrieben und behandelt. Die Methoden der Schulmedizin mit Chirurgie, Strahlentherapien und andere Behandlungsmethoden ähneln denen der Ayurveda in vielen Punkten.

5.5 Verschiedene Möglichkeiten

5.5.1 Alang-Alang-Graswurzelstock – Bai Mao Gen

Reduziert Blutungen, kühlt bei Fieber, unterstützt das Wasserlassen, lindert Hautausschläge
15-30 g
In der Traditionellen Chinesischen Medizin (TCM) wird der Alang-Alang-Graswurzelstock als ein das Xue (Blut) regulierendes, blutstillendes und kühlendes Arzneimittel verwendet.

5.5.2 Aloe Vera (Echte Aloe)

Äußerlich: beruhiget die Haut. Als Dekokt: Beruhigt die Leber, mindert Fieber; wirkt mild abführend, leitet die radikale Darmentleerung ein; stärkt Magenfunktion; reguliert Menstruation; keimtötend und kühlend
Zur Magenstärkung 0,1 - 0,2 g. Als mildes Abführmittel 0,3 - 0,6 g. Zur radikalen Darmentleerung 0,8 - 1,0 g.
Aufguss mit 250 ml. Kochendem Wasser
Zur äußerlichen Anwendung reiben Sie ein wenig frisch gepressten Saft unverdünnt direkt auf das betroffene Hautareal.
Nicht anwenden bei: Kindern, die zu Leere-Kälte-Symptomen neigen (sehr blass, zart, anfällig für Erkältungskrankheiten); Darmverschluss, Schwangerschaft und Stillzeit; Erwachsene sollten die oben angegebene Dosierung nicht überschreiten.

Zur Magenstärkung 0,1-0,2g. Als mildes Abführmittel 0,3-0,6g. Zur radikalen Darmentleerung 0,8-1,0g. Äußerlich frisch gepressten Saft

unverdünnt einreiben.
Nicht anwenden bei: Kindern, Darmverschluss, Schwangerschaft und
Stillzeit. Dosierung nicht überschreiten.

5.5.3 Aromatherapie

Aromatherapie ist die Behandlung von Befindlichkeitsstörungen und
Erkrankungen mit ätherischen Ölen oder Räucherwerk.
Je nach Entscheidung des Therapeuten.
Aromatherapie ist die Behandlung von Befindlichkeitsstörungen und
Erkrankungen mit ätherischen Ölen oder Räucherwerk. Sie ist
Bestandteil der Phytotherapie (Pflanzenheilkunde) und Teil
komplementärmedizinischer Methoden. Der Geruchssinn wird
angesprochen; dies führt zu altbekannten Reaktionen. Ätherische Öle
können eine direkte Wirkung auf die Organe haben. Lavendelöl soll zum
Beispiel beruhigend wirken, Thymian aktivierend, Jasmin öl sei
antidepressiv, Orangen- und Zitronenöl sollen die Stimmung aufhellen.
Heutzutage werden begleitend zur Schulmedizin selbst in Spitälern,
Pflegeheimen und Hospizen die beruhigenden und entspannenden
Wirkungen gerne genutzt. Bei manchen Präparaten ist auch eine
antibakterielle Wirkung nachgewiesen, welche begleitende genutzt
werden kann.

5.5.4 Bär-Lauch

Ihre Inhaltsstoffe, u.a. ätherische Öle und Vitamin C, werden den
heilkundlich angewendet; v.a. die normalisierende Wirkung auf Darmflora
und Kreislauf wird geschätzt.
Frisch oder als Pesto als Speisewürze oder Brotaufstrich.
Das Liliengewächs hat meist 2 grundständige, eiförmig bis lanzettliche
Blätter mit langen Stielen. An der Spitze des 3kantigen Stängels sitzt der
doldige, 5-20blütige Blütenstand. 6 freie, weiße Blütenblätter von
ausgeprägt spitzer, lanzettlicher Gestalt bilden die Blütenhülle.
Brutzwiebeln im Blütenstand sind nicht vorhanden.
Bär-Lauch ist meist in größeren Beständen in Auenwäldern und anderen
schattig-feuchten Mischwäldern zu finden.
Die Pflanze riecht stark nach Knoblauch.

5.5.5 Komplementäre Vitaminpräparate

Zusätzlich zugeführte Vitamine können Ihr Wohlbefinden steigern und ermöglichen meistens einen rascheren Heilungsprozess. Bei Magen-Darmerkrankungen oder anderwärtig erhöhtem Bedarf können ergänzend Nahrungergänzungsmittel helfen.
Bitte mit dem behandelnden Arzt oder Therapeuten anhand eines Blutbildes absprechen.
Es gibt fettlösliche und wasserlösliche Vitamine. Fettlösliche werden in Depots des Körpers gespeichert und müssen nicht täglich eingenommen werden. Der Körper benötigt den Großteil der wasserlöslichen Vitamine zur Bildung von Co-Enzymen. Wen Ernährungsstörungen vorliegen sollten diese Vitamine regelmäßig zugeführt werden.

5.5.6 Reishi

Regeneriert die Leber, wirkt entgiftend und entzündungshemmend. Gut gegen chronischer Hepatitis, Schwellungen, Rötungen und Juckreiz. Reguliert das Immunsystem, weckt und unterstützt die Selbstheilungskräfte. Verbessert die Sauerstoffsättigung des Blutes. Als Zugabe zu Tee, Kakao oder Kaffee. Als Kapseln, Extrakt, Pulver oder ganzer Pilz.
Reishi ist reich an Mineralstoffen und Spurenelementen Magnesium, Kalium, Calcium, Eisen, Zink, Kupfer, Mangan und organisch gebundenes Germanium, welches in der Tumortherapie und für die Interferonproduktion eine große Rolle spielt. Wertvollen Polysaccharide, Glycoproteine, Proteoglycane, Triterpene, Sterole, Alkaloide und eine Vielzahl weiterer hochaktiver Wirksubstanzen.

6 Grundlagen der Ernährung

Die hier beschriebenen Grundlagen der Ernährung zeigen allgemeine Empfehlungen und beziehen sich nicht auf eine spezielle Therapieform. Die Empfehlungen der Therapie haben Vorrang.

6.1 Ernährung

Die regelmäßige Einnahme von Mahlzeiten in entspannter Atmosphäre. Ein wärmendes Frühstück gilt als guter Start in den Tag. Mittags sollte die Hauptmahlzeit stattfinden - das Abendessen am frühen Abend.

Die Beachtung von Hunger- und Sättigungsgefühlen: Nicht überessen und nicht hungern, so lautet die Regel.

Die frische Zubereitung der Speisen aus naturbelassenen, regionalen Produkten. Tiefgekühlte, hitzekonservierte, industriell vorgefertigte oder mikrowellengegarte Lebensmittel werden gemieden.

Die Auswahl von Lebensmittel nach der Jahreszeit: Im Sommer mehr kühlende Nahrung, im Winter mehr wärmende Nahrung.

Mindestens zweimal am Tag Gekochtes essen. Speisen und Getränke sollen möglichst handwarm, niemals eiskalt oder heiß sein.

Rohkost, kurz gegartes Gemüse, frisch gepresste Säfte und Mineralwasser werden üblicherweise nicht empfohlen. Milch und Milchprodukte stehen nur dann auf dem Speiseplan, wenn sie problemlos vertragen werden.

Therapeutische Rezepte nicht über einen längeren Zeitraum ohne Rücksprache mit dem Arzt oder Therapeuten einnehmen.

1. Vielseitig essen
Lebensmittelvielfalt genießen. Merkmale einer ausgewogenen Ernährung sind abwechslungsreiche Auswahl, geeignete Kombination und angemessene Menge nährstoffreicher und energiearmer Lebensmittel. (Einerseits Schutz vor Unterversorgung mit essentiellen Nährstoffen und andererseits Schutz vor einer überhöhten Zufuhr unerwünschter Inhaltsstoffe.)

2. Reichlich Getreideprodukte - und Kartoffeln
Brot, Nudeln, Reis, Getreideflocken (am besten aus Vollkorn), sowie

Kartoffeln enthalten kaum Fett, aber reichlich Vitamine, Mineralstoffe, Spurenelemente sowie Ballaststoffe und sekundäre Pflanzenstoffe. Diese Lebensmittel sollten mit möglichst fettarmen Zutaten verzehrt werden.

3. Gemüse und Obst - Nimm "5" am Tag ...

5 Portionen Gemüse und Obst am Tag, möglichst frisch, nur kurz gegart, oder auch eine Portion als Saft – idealerweise zu jeder Hauptmahlzeit und auch als Zwischenmahlzeit: Damit werden reichlich Vitamine, Mineralstoffe sowie Ballaststoffe und sekundären Pflanzenstoffe (z.B. Carotinoiden, Flavonoiden) zugeführt. Das Beste, was man für die eigene Gesundheit tun kann.

4. Täglich Milch und Milchprodukte, ein- bis zweimal in der Woche

Fisch; Fleisch, Wurstwaren sowie Eier in Maßen. Diese Lebensmittel enthalten wertvolle Nährstoffe, wie z.B. Calcium in Milch, Jod, Selen und Omega-3-Fettsäuren in Seefisch. Fleisch ist wegen des hohen Beitrags an verfügbarem Eisen und an den Vitaminen B1, B6 und B12 vorteilhaft. Mengen von 300 - 600 g Fleisch und Wurst pro Woche reichen hierfür aus. Fettarme Produkte bevorzugen, vor allem bei Fleischerzeugnissen und Milchprodukten.

5. Wenig Fett und fettreiche Lebensmittel

Fett liefert lebensnotwendige (essenzielle) Fettsäuren und fetthaltige Lebensmittel enthalten auch fettlösliche Vitamine. Fett ist besonders energiereich, daher kann zu viel Nahrungsfett Übergewicht fördern, möglicherweise auch Krebs. Zu viele gesättigte Fettsäuren fördern langfristig die Entstehung von Herz-Kreislauf-Krankheiten. Pflanzliche Öle und Fette bevorzugen (z.B. Raps-, Oliven- und Sojaöl und daraus hergestellte Streichfette). Auf unsichtbares Fett achten, das in Fleischerzeugnissen, Milchprodukten, Gebäck und Süßwaren sowie in Fast-Food- und Fertigprodukten meist enthalten ist. Insgesamt 70 - 90 Gramm Fett pro Tag reichen aus.

6. Zucker und Salz in Maßen

Nur gelegentlich Zucker und Lebensmittel, bzw. Getränke verzehren, die mit verschiedenen Zuckerarten (z.B. Glucose Sirup) hergestellt wurden. Kreativ mit Kräutern und Gewürzen und wenig Salz würzen. Jodiertes Speisesalz bevorzugen.

7. Reichlich Flüssigkeit

Wasser ist absolut lebensnotwendig. Jeden Tag rund 1-2 Liter Flüssigkeit trinken. Wasser (ohne oder mit Kohlensäure) und andere kalorienarme Getränke bevorzugen. Alkoholische Getränke sollten nicht konsumiert werden.

8. Schmackhaft und schonend zubereiten

Die jeweiligen Speisen bei möglichst niedrigen Temperaturen garen, soweit es geht kurz, mit wenig Wasser und wenig Fett - das erhält den natürlichen Geschmack, schont die Nährstoffe und verhindert die Bildung schädlicher Verbindungen.

9. Sich Zeit nehmen und das Essen genießen

Bewusstes Essen hilft, richtig zu essen. Auch das Auge isst mit. Sich beim Essen Zeit lassen. Das macht Spaß, regt an, vielseitig zuzugreifen und fördert das Sättigungsempfinden.

10. Auf das Gewicht achten und in Bewegung

Ausgewogene Ernährung, viel körperliche Bewegung und Sport (30 bis 60 Minuten pro Tag) gehören zusammen. Mit dem richtigen Körpergewicht fühlt man sich wohl und fördert die Gesundheit.

Thermik, Wirkrichtung, Verdauungskraft

Es gibt unterschiedliche Kriterien, die Wirksamkeit von Kräutern und Lebensmittel zu beurteilen. Der Einsatz der Kräuter und Zutaten basiert auf Beobachtung, was die Lebensmittel, Kräuter und Gewürze nach ihrem Verzehr im Körper bewirken. In der Medizin hat sich daraus folgendes System entwickelt: Jede Zutat oder Kraut hat eine Wirkrichtung. Außerdem gibt es noch Kräuter, die eine besondere Wirkung auf bestimmte Organe haben.

Voraussetzung für einen gesunden Stoffwechsel ist es, darauf zu achten, dass wir ausreichend Energie aus der Nahrung gewinnen und der Verdauungsprozess so wenig Energie wie möglich verbraucht. Eine bekömmliche Mahlzeit macht zufrieden und satt, verursacht keine Blähungen und keine Müdigkeit nach dem Essen. Richtiges Würzen erhöht die Bekömmlichkeit unserer Speisen. Es genügen oft schon geringe Mengen an Kräutern und Gewürzen. Sie dienen nicht dazu, uns satt zu machen, sondern helfen unseren Verdauungsorganen, die Nahrung zu verdauen.

6.2 Rezepte

Die Rezepte zeigen Ihnen welche Zutaten verwendet werden sowie mit der Kochanleitung wie diese zubereitet werden. Bei den Zutaten wird neben den Mengenangaben auch die Wichtigkeit für die Therapie angezeigt. Wenn dabei angezeigt wird "weniger als angegeben" versuchen Sie diese Empfehlung einzuhalten oder eine Alternative aus der Liste der "Empfohlenen Lebensmittel" zu finden. Meistens ist es nur eine leichte geschmackliche Änderung wenn Sie diese Zutat gänzlich weglassen.

Schonende Kochmethoden: Kochen, dämpfen, pochieren, dünsten
Scharfe Kochmethoden: Grillen, rösten, anbraten, räuchern
Ausgeglichene Kochmethoden: Frittieren, Römertopf

Auf das Einfrieren und erwärmen in der Mikrowelle sollte verzichtet
werden (Denaturierung).

6.3   Lebensmittel

Lebensmittel wirken wie Heilkräuter auf Körper und Geist, nur wesentlich
sanfter. Die Ernährungsberatung stützt sich hauptsächlich auf heimische
Lebensmittel. Das Wissen über die Wirkungsweisen jedes einzelnen
Lebensmittels und das Wissen wann welche Lebensmittel zur
Anwendung kommen, entstammt der Schulmedizin. Verwende Sie
möglichst Erzeugnisse aus ökologischen-biologischem Landbau.

Da wegen der besseren Verdaulichkeit grundsätzlich alles lange gekocht
und kaum roh gegessen wird, ist die Verträglichkeit hervorragend.

Die Einteilung der Lebensmittel entsprechend ihrer Wirkung auf den
Körper und bildet die Basis, um einen ausgewogenen und harmonischen
Gesundheitszustand im Körper zu erreichen.

Grundsätzlich empfiehlt die Ernährungsberatung keine bestimmten
Lebensmittel für Jedermann. Ausschlaggebend für den individuellen
Speiseplan ist vor allem die persönliche Konstitution.

Kaufen Sie nur frisches und reifes Obst und Gemüse ein. Braune Stellen,
welke Blätter aber auch unreifes Obst und Gemüse sollten Sie im
Supermarkt zurücklassen. Greifen Sie dann zu Tiefkühlware (keine
Fertiggerichte!). Tiefkühlobst und -gemüse werden kurz nach dem Ernten
schockgefroren und enthalten deshalb oftmals mehr Vitamine und
Mineralstoffe, als die Ware aus der Obst- und Gemüsetheke! Konserven-
und Dosenware dagegen enthält wesentlich weniger Biostoffe. Zudem
werden Letztere meist mit Salz, Zucker usw. angereichert. Lassen Sie die
Zutaten nach dem Waschen nie im Wasser liegen, denn so gehen viele
Vitalstoffe ins Wasser über! Putzen Sie Salate, Früchte und Gemüse erst
unmittelbar vor Verzehr.

Beachten Sie bitte die hygienische Verarbeitung der Lebensmittel.
Waschen Sie Ihre Salate, Früchte und Gemüse gründlich. Bei Gerichten
mit Fleisch bereiten Sie zuerst die Zutaten vor und verarbeiten dann die

Fleischprodukte. Reinigen Sie danach die Arbeitsflächen und Werkzeuge besonders gründlich. Holzunterlagen sollten regelmäßig mit leichtem Desinfektionsmittel behandelt werden um die Keimbildung einzuschränken.

Bewahren Sie Obst und Gemüse möglichst getrennt voneinander auf. Auch geerntete Früchte und Gemüse leben und strömen z.B. Ethylengas aus, das andere Sorten schneller reifen und altern lässt. Fleisch und Fisch in der verschlossenen Verpackung lassen oder in luftdichten Boxen im Kühlschrank aufbewahren.

6.4 Kräuter

Bei der Aufbewahrung und Lagerung von Heilkräutern, müssen gewisse Grundregeln beachtet werden. Grundsätzlich müssen Heilkräuter geschützt vor direkter Sonneneinstrahlung, vor Feuchtigkeit und vor heißen Temperaturen gelagert werden.

Als Gefäße für die Lagerung von Heilkräutern können Gläser, Keramik-Behälter und zur Not auch Plastik-Dosen eingesetzt werden. Plastik ist aber ein sehr unreines Material und sollte daher wirklich nur eine kurzfristige Notlösung sein. Bei Glasbehältern ist darauf zu achten, dass dunkles Glas verwendet wird.

Heilkräuter können nicht beliebig lange aufbewahrt werden. Die Haltbarkeit von Heilkräutern ist auf jeden Fall begrenzt. Durch die Haltbarkeitsdauer kann durch sachgerechte Lagerung wesentlich erhöht werden. So soll der Lagerplatz dunkel, eher kühl und absolut trocken sein. Ein Medizinschrank aus Holz, der nicht direkt bei einer Wärmequelle platziert ist wäre ideal. Um Ihre Heilkräuter nicht wegwerfen zu müssen, kaufen Sie nicht zu große Mengen an Heilpflanzen. Beschriften Sie die Behälter mit dem Namen des Heilkrauts und dem Datum der Ernte bzw. der Verarbeitung.

7   Weitere Ernährungsvorschläge

Folgende Syndrome der Diätetik, der TCM oder als Therapieergänzung bei Krebs sind verfügbar.

DIÄTETIK

1. Ernährung des Säuglings - Beikost
2. Ernährung in der Stillzeit
3. Ernährung im Alter
4. Ernährung von Kindern und Jugendlichen
5. Ernährung von Sportlern
6. Leichte Vollkost
7. Schwangerschaft
8. Vollkost

Eiweiß und Elektrolyt – Nieren
9. (Hämo-)Dialysebehandlung
10. Akutes Nierenversagen
11. Chronische Niereninsuffizienz
12. Nephrotisches Syndrom
13. Nierensteine (Nephrolithiasis)

Gastrointestinaltrakt - Bauchspeicheldrüse
14. Akute Pankreatitis (Entzündung der Bauchspeicheldrüse)
15. Chronische Pankreatitis (Entzündung der Bauchspeicheldrüse)

Gastrointestinaltrakt - Dünndarm und Dickdarm
16. Akute Obstipation (Verstopfung)
17. Chronische Obstipation (Verstopfung)
18. Colon irritabile
19. Divertikulitis
20. Erworbene Laktoseintoleranz (Laktosemalabsorption)
21. Fruktosemalabsorption
22. Glutensensitive Enteropathie (Zöliakie)
23. Kolektomie
24. Kurzdarmsyndrom

Gastrointestinaltrakt - Leber, Gallenblase, Gallenwege
25. Akute und chronische Hepatitis (Entzündung der Leber)
26. Cholelithiasis (Gallensteine)
27. Fettleber
28. Leberzirrhose

Gastrointestinaltrakt - Magen und Zwölffingerdarm
29. Akute Gastritis
30. Chronische Gastritis
31. Magenblutung
32. Ulcus ventriculi und Ulcus duodeni
33. Zustand nach Magenoperation

Gastrointestinaltrakt - Mundhöhle und Speiseröhre
34. Mundschleimhautentzündung
35. Ösophaguskarzinom (Speiseröhrenkrebs)
36. Reflüxösophagitis (Sodbrennen)

spezielle Krankheiten
37. Phenylketonurie (PKU)
38. Rheumatische Gelenkserkrankungen

Stoffwechsel
39. Adipositas (Übergewicht)
40. Diabetes mellitus
41. Essstörungen (Untergewicht)
Fettstoffwechsel
42. Hypercholesterinämie (erhöhter Cholesterinspiegel)
43. Hepatische Enzephalopathie
Herz- und Kreislauf
44. Arteriosklerose (Arterienverkalkung)
45. Herzinsuffizienz
46. Hypertonie (Bluthochdruck)
47. Hyperurikämie und Gicht
veränderter Nährstoffbedarf
48. bei Fieber
49. bei malignen Erkrankungen
50. nach Verbrennungen
51. Strahlen- und Chemotherapie

KREBS
100. Bauchspeicheldrüse
101. Blasenkrebs
102. Blutkrebs (Leukämie)
103. Brustkrebs
104. Darmkrebs
105. Magenkrebs
106. Nierenkrebs
107. Speiseröhrenkrebs

TCM
200. Blase - Feuchte Hitze in der Blase
201. Blase - Feuchtigkeit und Kälte in der Blase
202. Blase - Leere und Kälte in der Blase
203. Dickdarm - äussere Kälte befällt den Dickdarm
204. Dickdarm - Feuchte Hitze im Dickdarm
205. Dickdarm - Hitze blockiert den Dickdarm II akut
206. Dickdarm - Trockenheit des Dickdarms
207. Dickdarm - Yang Mangel (Kälte)
208. Herz - Blut Mangel
209. Herz - Blut Stagnation
210. Herz - Feuer
211. Herz - Heisser Schleim verstopft die Herzporen
212. Herz - Kalter Schleim verstopft die Herzporen
213. Herz - Qi Mangel
214. Herz - Yang Mangel
215. Herz - Yin Mangel
216. Leber - aufsteigender Leber-Yang
217. Leber - Blut-Mangel
218. Leber - Blut-Stagnation
219. Leber - feuchte Hitze in Leber und Gallenblase
220. Leber - Feuer
221. Leber - Gallenblase Qi-Leere
222. Leber - Kälte im Lebermeridian
223. Leber - Qi-Stagnation